L'ASSURANCE DES RISQUES D'ENTREPRISE DANS LES PAYS DE LA CIMA

El Hadji Abdoul Aziz Fall

L'assurance des risques d'entreprise dans les pays de la CIMA

L'Harmattan

5-7, rue de l'École-Polytechnique ; 75005 Paris

http://www.librairieharmattan.com
diffusion.harmattan@wanadoo.fr
harmattan1@wanadoo.fr

ISBN : 978-2-343-06726-1
EAN : 9782343067261

Je dédie cet ouvrage :

À feu ma chère mère **Dior SIDIBÉ** qui a quitté ce monde très tôt, sans avoir eu l'occasion de profiter du moindre centime de mes revenus. Que la terre de Médina Baye à Kaolack lui soit légère et qu'elle repose en paix au Paradis ! Elle m'a appris le respect, la vertu, la dignité et le travail. Bien qu'analphabète, elle croyait aux études et passait régulièrement à notre école pour s'enquérir de nos résultats scolaires, pendant que Papa était trop souvent en voyage pour s'acquitter de ses devoirs de fonctionnaire de l'ONCAD (Office National de Coopération et d'Assistance pour le Développement).

À feu mon père **Ibrahima Macodou FALL**, qui toute sa vie durant a été pour moi un grand ami, un guide, une fierté et une référence.

Généreux et doux, il était un père pour tout le monde (ses enfants, petits enfants, neveux, proches et amis). Qu'il repose en paix et que la terre de Ngathie Naoudé lui soit légère !

À feu mon homonyme **Mame Abdoul Aziz SY** ''Dabbakh'', Grand érudit et guide religieux de mon père. Le Sénégal, l'Afrique et toute la Ummah islamique se rappellent encore ses discours empreints de sagesse. Il savait toucher les cœurs, parler au peuple et rappeler les politiques, fidèles et étudiants à l'ordre, à chaque fois que cela était nécessaire.

À mon épouse **Awa Laye,** pour les soins et l'attention particulière qu'elle accorde en ma personne.

À ma fille bien-aimée **Dior FALL** à qui je cherche toujours à inculquer les qualités d'une femme d'honneur, de bonne vertu et de courage. Je me suis beaucoup investi pour son éducation et sa réussite dans les études. J'espère qu'elle en prendra toujours conscience pour persévérer davantage.

À feu ma Grand-mère **Coumba DIOP** qui m'a témoigné de l'affection pendant toute mon enfance. Je passais mes vacances chez elle à Koungheul. Qu'elle repose en Paix et que la terre lui soit légère !

À feu mon oncle **Abdoulaye SIDIBE,** Adjudant-Chef émérite de l'armée sénégalaise. Il était plus qu'un oncle pour moi, lui qui a toujours voulu que je prépare les concours d'entrée aux grandes écoles militaires après le bac. Je me rappelle encore notre dernière rencontre sur cette terre, quand je venais lui apprendre mon admission à l'Institut International des Assurances de Yaoundé-République du Cameroun et lui dire en même temps au revoir. Il avait d'abord prié pour moi avant de me donner une tape affectueuse à l'épaule en me disant « Passer un moment de sa vie à l'étranger est une bonne expérience pour un homme ». Je n'imaginais pas à cet instant que c'était notre dernière rencontre.

À toute ma famille et à ma belle famille pour leurs prières.

À tous mes anciens camarades de la promotion **1996-1998** de l'Institut International des Assurances de Yaoundé **(I.I.A)**, pour les moments de galère et de bonheur vécus ensemble.

À tous les professionnels de l'industrie des assurances du Sénégal, de la Cima et de la FANAF.

Je remercie tous ceux qui, de près ou de loin, ont participé à la réalisation de cet ouvrage.

Ces remerciements vont particulièrement à :

Madame Awa Coulibaly DRAME avec qui j'ai cheminé pendant dix (10) ans aux Assurances Sécurité Sénégalaise (A.S.S). Elle a été plus qu'une collègue durant ces années ; elle est une sœur qui m'est très chère et le restera à jamais.

Monsieur Adama NDIAYE Président de la FANAF, pour ses conseils.

Monsieur Mame Birame DIOUF assureur et formateur, pour ses critiques et ses conseils.

Monsieur Ibrahima Sylla NDOYE, mon doyen, pour ses encouragements.

Monsieur Makhtar SAKHO, juriste et assureur, pour ses conseils.

Messieurs Mamadou Khalifa DIOP et Pape Mactar SALL, tous les deux Professeurs de Français, pour leurs conseils.

AVANT-PROPOS

Après plus d'un quart de siècle dans la Profession d'assurances, il m'a été donné de constater qu'aucun manuel ou ouvrage traitant des risques d'entreprise n'existe dans les marchés d'assurances de la Cima.

De surcroît, dans la plupart de nos sociétés d'assurances on note un manque de cadres et techniciens de haut niveau. Or le développement d'une entreprise est fonction de la qualité de ses ressources humaines. D'où la nécessité d'instituer des règles d'éthique et de bonne gouvernance en matière de gestion pour pouvoir garantir la compétitivité et la productivité de nos entreprises, d'autant que le cadre juridique et légal est déjà mis en place par l'autorité.

Ce sont entre autres, les raisons qui m'ont poussé à écrire cet ouvrage en guise de contribution à la bonne maîtrise et à la compréhension des risques d'entreprise. Il pourrait servir de support didactique à tous les acteurs de la profession (assureurs, agents généraux, courtiers, experts, avocats, etc.), mais aussi au grand public (Dirigeants de Petites et Moyennes Entreprises ou de Petites et Moyennes Industries, Étudiants, Enseignants, etc.).

Pour une exploitation plus pratique, la dernière partie du livre est consacrée à un tableau synoptique de l'ensemble des risques et garanties qui sont passés en revue, pouvant ainsi servir de bréviaire aux lecteurs.

INTRODUCTION

L'assurance a pour objet la réparation pécuniaire des conséquences dommageables que pourrait causer la réalisation d'un risque aléatoire. C'est une pratique dont l'origine remonte à la Grèce et à la Rome antiques, à travers le « prêt à la grosse aventure ».

Par la suite, elle fit son apparition réelle en Italie au 17e siècle pour répondre aux besoins de couverture du commerce international, ensuite en Angleterre après le grand incendie qui avait ravagé la ville de Londres. Depuis lors, l'assurance n'a cessé de se développer en adaptant ses garanties à l'évolution du monde.

De nos jours, les assureurs sont donc devenus des acteurs économiques incontournables, auxquels toute entreprise pourra faire recours pour se prémunir contre les risques pouvant se réaliser dans le futur. Aussi, les entreprises étant des acteurs centraux de l'activité économique, elles sont confrontées à plusieurs aléas qui peuvent perturber leur existence. Et pour se prémunir contre eux, elles font appel aux assureurs pour limiter leurs impacts.

Mais avant d'aborder le sujet sur les risques d'entreprise, nous voudrions faire un bref rappel de trois (03) points essentiels qui caractérisent l'opération d'assurance : le risque, la prime et le sinistre.

– le risque : c'est l'élément matériel ou immatériel dont la probabilité de survenance est faible.

– La prime : c'est le prix de l'assurance ; c'est-à-dire la contrepartie de l'engagement de l'assureur. Son calcul nécessite la combinaison de plusieurs outils mathématiques comme la probabilité, les statistiques, etc.

– Le sinistre : c'est la réalisation du risque ou de l'événement assuré. Son indemnisation repose sur trois (03) modes : le mode indemnitaire, le mode forfaitaire et le mode des prestations en nature :

* Mode indemnitaire : c'est le versement d'une somme d'argent correspondant au montant des dommages, avec déduction éventuelle de la vétusté et des franchises ;

* Mode forfaitaire : c'est la pratique en assurance de prévoyance ; il consiste au paiement d'une somme d'argent fixée à l'avance dans le contrat, avec déduction éventuelle de franchises ;

* Mode des prestations en nature : il est d'usage en général pour la réparation des dommages matériels. Il consiste au remplacement du matériel endommagé à l'identique.

Ainsi, pour revenir au sujet, nous avons estimé plus intéressant et plus judicieux de traiter de la gestion des Risques d'Entreprise pour permettre aux acteurs concernés d'avoir une vision plus claire des types de risque dont il faut se prémunir, pour la pérennisation et la sécurisation de l'avenir de l'entreprise.

Pour ce faire, nous étudierons le sujet en six (06) chapitres, en espérant qu'à travers ces réflexions nous réussirons à montrer comment l'assurance doit répondre aux risques d'entreprise :

Chapitre I : La perception et l'usage faits de l'assurance par les entreprises.

Chapitre II : Le diagnostic et la description des risques inhérents à l'activité de l'entreprise.

Chapitre III : Les dispositions communes aux assurances de dommages et de responsabilité.

Chapitre IV : L'identification des risques existants et les réponses apportées par l'assurance.

Chapitre V : la vision financière de l'assurance par les entreprises.

Chapitre VI : quelle stratégie de communication et de marketing pour encourager la souscription des risques d'entreprise dans nos marches ?

CHAPITRE I

LA PERCEPTION ET L'USAGE FAITS DE L'ASSURANCE PAR LES ENTREPRISES

SECTION 1 : RAPPEL DE LA NOTION D'ASSURANCE OBLIGATOIRE

Contrairement à la pratique en France, peu d'assurances sont rendues obligatoires en Afrique, particulièrement dans les pays de l'espace Cima (Conférence Interafricaine des Marchés d'Assurances).

Les seules obligations d'assurance qui y existent sont en général :

– la responsabilité civile pour la circulation des véhicules terrestres à moteur (VTM) ;

– le transport de marchandises à l'importation ;

– et à une période très récente l'assurance dommages à l'ouvrage, la responsabilité décennale et la responsabilité professionnelle des constructeurs d'ouvrage. (**Au Sénégal, voir loi 2009-23 du 8 juillet 2009 portant code de la construction - Journal officiel (J.O) N° 6491 du 03/10/2009**).

Il y a lieu de préciser que ladite loi ne vise que la construction d'ouvrages devant recevoir du public, les promoteurs immobiliers et les coopératives d'habitat.

Ainsi, nous conviendrons qu'il y a encore beaucoup d'efforts à faire, si l'on prend seulement l'exemple de la France où déjà en 2003 on dénombrait :

– 87 cas d'obligations d'assurance responsabilité civile pour des dommages qu'une personne peut causer à autrui lors de diverses activités ;

– 44 cas d'obligations d'assurance concernant l'exercice d'une profession.

En réalité, la première assurance obligatoire en France est celle automobile ; elle date de 1958, alors que dans les pays de la Cima elle n'a été introduite qu'après les indépendances.

Toutefois, il y a lieu de faire la différence entre assurance obligatoire et garantie obligatoire. Une assurance est dite obligatoire quand elle est régie par une loi (par exemple **la loi 74-33 du 18 juillet 1974** rendant obligatoire l'assurance responsabilité civile des véhicules terrestres à moteur au Sénégal - **J.O N° 4375 du 26 août 1974**). Alors qu'une garantie obligatoire est celle que l'assureur ne peut pas restreindre ou retirer d'un contrat d'assurance. Par exemple : la garantie des événements naturels en assurance contre l'incendie, obligatoire en France.

SECTION 2 : LA PERCEPTION DES CHEFS D'ENTREPRISE

Autant ils ont une perception positive de l'assurance, car conscients qu'elle permet la poursuite de leurs activités malgré la survenance d'un sinistre, autant ils la considèrent comme une charge plus ou moins importante. Ce qui fait que les chefs d'entreprise accordent en général la priorité dans leur budget à des charges ou prestations qu'ils jugent nécessaires à l'exercice de leurs activités, ce qui les conduit à donner moins d'importance à l'assurance.

Ce choix est en général motivé par divers facteurs dont principalement :

– l'absence de culture de l'assurance dans nos pays ;

– l'immatérialité des garanties d'assurance ;

– la complexité de leur mise en œuvre, surtout à travers certaines exclusions ;

– le poids de la prime ;

– les délais de règlement des sinistres ;

– la paperasserie dans la constitution des dossiers de sinistre, etc.

SECTION 3 : LE CARACTÈRE IMMATÉRIEL ET L'APPROCHE ASSISTANCIELLE DE L'ASSURANCE

De par la nature prospective de son objet, l'assurance est considérée par le public comme une prestation immatérielle. En effet, l'objet de l'assurance est la réparation ou la prise en charge des conséquences de la réalisation future d'un événement ou risque. Cela explique pourquoi les chefs d'entreprise l'apprécient difficilement, tant sur le plan de la qualité du service que sur le plan financier (en ce qui concerne la justification du montant de la prime). De ce fait, beaucoup de chefs d'entreprise comptent sur la chance pour se prémunir des risques, préférant ainsi se confiner dans le fatalisme ; ils se contentent de souscrire les garanties assujetties à l'obligation d'assurance.

Mais de nos jours l'assureur, face à une clientèle de plus en plus exigeante, a souvent tendance à diversifier ses services et les orienter vers l'assistance.

En effet le service après-vente de l'assurance ne se limite plus à la prestation pécuniaire, c'est-à-dire la prise en charge des dommages subis par le véhicule assuré. Depuis quelques années, les assureurs ont plus tendance à accompagner le client victime, en lui accordant une prestation matérielle par le prêt d'un autre véhicule, en attendant la remise en bon état de sa voiture endommagée par suite d'un accident garanti.

Il s'agit donc ici pour l'assureur de démontrer à son client qu'en dehors du cadre assuranciel, il est toujours présent à ses côtés pour l'assister pendant les moments difficiles.

SECTION 4 : LES EXCLUSIONS DE GARANTIES

Elles représentent pour le public le côté négatif de l'assurance, pour la seule raison que dans leur esprit les garanties d'assurance ne jouent jamais, car elles sont toutes subordonnées à des exclusions.

Cette situation contribue beaucoup à l'image relativement négative collée au secteur de l'assurance.

Toutefois, il faut préciser que les exclusions n'ont pas pour but de tromper le client ou d'abuser de sa confiance, mais sont prévues dans l'optique de soumettre des garanties qui répondent au cadre défini par l'assurance. C'est pourquoi on les regroupe en deux parties : les exclusions générales et les exclusions spécifiques.

Parmi les exclusions générales, on trouve principalement :

- les dommages intentionnels ;

- les sanctions pénales et leurs conséquences ;

- la guerre civile et la guerre étrangère ;

- les conséquences d'engagements contractuels pris par l'assuré, qui excédent celles auxquelles il serait tenu en vertu des textes légaux ou réglementaires ;

- les dommages causés par les risques nucléaires, etc.

Les exclusions spécifiques aux garanties sont celles qui ont pour objet d'apporter des précisions nécessaires à l'application d'une garantie en cas de réalisation du risque. Par exemple l'exclusion des dommages immatériels non consécutifs à un dommage matériel couvert.

Il convient aussi de préciser que cette démarche entre dans l'ordre normal des choses, dans la mesure où sans l'aléa la notion d'assurance serait dénuée de tout sens et de logique.

Après avoir examiné la perception et l'usage que le consommateur se fait de l'assurance, nous allons nous intéresser au diagnostic et à la description des éléments constitutifs de l'entreprise pour pouvoir identifier les risques existants.

CHAPITRE II

DIAGNOSTIC ET DESCRIPTION DES RISQUES INHÉRENTS À L'ACTIVITÉ DE L'ENTREPRISE

SECTION 1 : DÉFINITION DE L'ENTREPRISE

L'entreprise peut être définie comme un ensemble de moyens mis en commun dans le but d'exercer une activité dont l'objectif est en général de réaliser une plus-value financière.

Elle est aussi un lieu où interviennent plusieurs activités susceptibles de créer ou de causer des risques dont la survenance pourrait être fatale à sa survie.

Elle peut être analysée de diverses manières et pour ce faire, il convient de procéder à un découpage des principaux risques liés à son environnement.

SECTION 2 : LES PRINCIPAUX RISQUES LIÉS À L'ACTIVITÉ D'ENTREPRISE

Nous en avons identifié principalement cinq (05) :

– Les risques juridiques ;

– Les risques financiers ;

– Les risques liés à l'élément humain ;

– Les risques de destruction matérielle ;

– Les risques issus des produits ou services de l'exploitation.

1) Les risques juridiques

Il s'agit du cadre juridique qui définit les limites légales de l'activité de l'entreprise. On y retrouve aussi la notion de responsabilité vis-à-vis des tiers. Le cadre juridique permet également de rétablir et de rééquilibrer les rapports entre clients et fournisseurs ou prestataires.

Ainsi, toute entreprise doit se conformer à un ensemble de lois et règlements conçus et regroupés dans un ensemble d'ouvrages juridiques appelé « **CODE** », sans lequel il serait impossible aux entreprises d'exister et d'interagir les unes sur les autres.

Les codes existent sous plusieurs formes :

– le Code civil en France ou le code des obligations civiles et commerciales (**C.O.C.C**) au Sénégal, qui régit la vie de toute personne ;

– le code de commerce qui régit les échanges commerciaux ;

– le code général des impôts qui fixe les règles liées à la fiscalité ;

– le code des assurances qui régit la pratique et le fonctionnement des opérations d'assurance ;

– le code pénal qui définit et sanctionne les fautes pénales (Infractions).

2) Les risques financiers

Ils sont présents à tous les moments de la vie de l'entreprise. Ils représentent un élément central pour l'entreprise dont la mission est la création de richesses et qui par conséquent, doit régulièrement disposer de ressources financières suffisantes pour fonctionner (à la constitution, pendant l'activité et pour se développer).

Le risque financier est lié à l'exploitation de l'activité tant en matière d'investissements que de placements sur le marché. De ce fait, toute dérive peut être fatale et entraîner la cessation de l'activité.

Aussi l'entreprise étant en relation commerciale avec ses clients, encourt ainsi un risque de non paiement du prix de sa vente ou d'une insolvabilité de son acheteur.

La différence entre ces deux situations réside dans le fait que :

– dans la première, c'est le management de l'entreprise qui est mis en cause, notamment en cas de mauvais placement ;

– dans la seconde, c'est l'aléa commercial qui est en jeu, dans la mesure où plusieurs facteurs peuvent y contribuer (le non-transfert du paiement, la situation politique, la mauvaise volonté du client ou son refus systématique de payer…).

3) Les risques liés à l'élément humain

Les ressources humaines sont indispensables, car sans elles la compétitivité de l'entreprise dans le paysage économique est compromise à court terme, si ce n'est son existence à long terme. Elles participent en grande partie à la production de la valeur ajoutée grâce à leur expertise, permettant ainsi à l'entreprise de survivre dans un milieu concurrentiel.

Il faut rappeler toutefois que les ressources humaines peuvent être à l'origine de conflits sociaux pouvant ralentir la productivité de l'entreprise (par exemple les revendications syndicales). Il s'y ajoute qu'un personnel non motivé peut être enclin à certains comportements (retards ou présence non productive…).

4) Les risques de destruction du matériel d'exploitation

Il s'agit ici de la sauvegarde de l'outil de travail sans lequel l'élément humain ne pourrait mettre en œuvre son savoir-faire. Ces risques matériels visent essentiellement :

– les bâtiments, les machines, les véhicules ;

– mais aussi le fonds de commerce, le fichier client, etc.

La destruction de ces matériels a donc pour conséquence la diminution d'actifs de l'entreprise.

5) Les risques issus des produits ou services de l'activité de l'entreprise

Il s'agit de biens ou services dont l'objectif est de répondre aux attentes du public (les prospects, les victimes…). Il faut dire que c'est par la combinaison des quatre (04) facteurs ou éléments précédents (juridique, financier, humain et matériel) que l'on peut aboutir au service de qualité que le consommateur attend d'une entreprise. Il suffit qu'il y ait défaillance ou absence de l'un de ces facteurs pour que tout le fonctionnement de l'entreprise soit compromis ou perturbé.

Il s'agit par exemple de la défectuosité de produits mis sur le marché, mettant ainsi en cause la responsabilité du fabricant ou du producteur.

En effet, les entreprises peuvent souscrire une assurance de responsabilité civile pour les produits livrés. Que ce soit le fabricant, le producteur et, dans une certaine mesure le vendeur, tous sont responsables des produits qu'ils fournissent. En cas de vices ou de dommages occasionnés par le produit, ils doivent réparer le préjudice subi par le consommateur (professionnel ou non). En cas de vices cachés, l'ampleur des dommages est souvent énorme, si l'on sait qu'un produit affecté d'un vice peut être distribué en des milliers d'exemplaires.

L'assurance de responsabilité liée à la fourniture d'un produit couvre donc les dommages subis par les victimes (par exemple une intoxication alimentaire). Toutefois, les dommages causés au produit lui-même ne sont pas couverts par l'assurance.

En cas de vice caché, c'est le fabricant lui-même qui remplace à ses frais les produits concernés.

Mais avant d'aborder les solutions proposées par les assureurs pour se prémunir des risques liés à l'activité de l'entreprise, nous allons rappeler dans le prochain chapitre les dispositions générales communes aux différentes garanties d'assurance qui peuvent concerner l'entreprise.

CHAPITRE III

RAPPEL DE QUELQUES DISPOSITIONS COMMUNES AUX ASSURANCES DE DOMMAGES ET DE PERSONNES

Ces dispositions sont valables pour tous les contrats d'assurance de dommages, sauf pour la branche transport maritime qui est régie par les lois internationales. Elles sont applicables aussi aux assurances de personnes.

1) La prise d'effet du contrat

La prise d'effet du contrat d'assurance est subordonnée au paiement de la prime par le souscripteur ou par toute autre personne y ayant un intérêt.

Toutefois, par dérogation à ce principe un délai de paiement peut être accordé dans les conditions prévues par **l'article 13** du code des assurances.

2) La durée du contrat

Le contrat est conclu pour la durée fixée aux conditions particulières (**art. 24** du code des assurances).

Lorsque le contrat prévoit une clause de tacite reconduction, il est, à l'expiration de l'année d'assurance en cours, reconduit automatiquement d'année en année, sauf en cas de défaut de paiement de la prime ou dénonciation par l'une ou l'autre partie. La dénonciation doit intervenir au moins **deux (02) mois avant** la date d'expiration, dans les formes prévues à **l'article 22** du code des assurances.

3) La résiliation du contrat

Le contrat peut être résilié avant sa date d'expiration normale dans les cas et conditions ci-après :

Par le Souscripteur ou l'Assureur :

– À chaque échéance annuelle de la prime, moyennant un préavis de deux mois au moins si le contrat est à tacite reconduction (**art 21 du code** des assurances) ;

– En cas de changement de domicile, de profession, en cas de retraite professionnelle ou de cessation définitive d'activités professionnelles, ou en cas de changement de situation ou de régime matrimonial, à la condition que ces événements soient liés au risque (**article 25 du code** des assurances).

– Par l'héritier ou l'acquéreur d'une part, ou l'assureur d'autre part (lorsque la garantie repose sur un bien) en cas de transfert de propriété de la chose assurée (**art. 40 du** code des assurances).

Par l'Assureur :

– En cas d'aggravation de risque (**art. 15** du code des assurances) ;

– En cas d'omissions ou d'inexactitudes dans la déclaration du risque à la souscription ou en cours de contrat (**art. 19** du code des assurances) ;

– Après sinistre, l'assureur se réserve le droit de résilier le contrat, dans un délai de **trois (03) mois** après qu'il a eu connaissance du sinistre. La résiliation après sinistre ne prendra effet qu'à l'expiration d'un préavis d'**un (01) mois** à dater de la notification à l'assuré par lettre recommandée ou acte extrajudiciaire, ou par tout autre moyen.

Passé ce délai d'**un (01) mois** après que l'assuré a eu connaissance du sinistre, l'assureur ne pourra se prévaloir de celui-ci pour résilier le contrat, s'il a déjà accepté le paiement d'une prime ou d'une fraction de prime correspondant à une période postérieure audit sinistre.

S'il est fait usage de la faculté prévue au paragraphe ci-dessus, le souscripteur aura le droit, dans le délai d'**un (01)**

mois à compter de la notification de la résiliation du contrat, de résilier les autres contrats qu'il peut avoir souscrit chez l'assureur ; cette résiliation par le souscripteur prendrait effet **un (01) mois** après la notification à l'assureur.

L'usage de la faculté prévue aux paragraphes précédents entraîne restitution par l'assureur des portions de primes afférentes à la période pour laquelle les risques ne sont plus garantis ;

– En cas de faillite ou de liquidation judiciaire de l'assuré (**article 17-alinéa 1** du code des assurances).

Par le Souscripteur :

– en cas de disparition de circonstances aggravantes mentionnées dans la police et si l'assureur ne consent pas à la diminution de la prime correspondante (**art. 15** du code des assurances) ;

– En cas de résiliation par l'assureur du contrat après sinistre, le souscripteur a le droit, dans un délai d'**un (01) mois** à dater de la notification de la résiliation par l'assureur, de résilier les autres contrats souscrits par lui auprès dudit assureur, avec effet **un (01) mois** après la notification faite à ce dernier ;

– En cas de retraite professionnelle ou de cessation d'activité professionnelle ;

– En cas de révision de la prime ;

Par la masse des créanciers du souscripteur :

En cas de faillite ou de règlement judiciaire de l'assuré (**art. 17 – alinéa 1** du code des assurances.

De plein droit :

– En cas de disparition totale du risque, lorsque cette disparition résulte d'un événement non garanti (**art. 39 du code** des assurances) ;

– En cas de retrait de l'agrément de l'assureur (**art. 17 – alinéa 2** du code des assurances) ;

– En cas de réquisition de propriété, d'usage ou de service de la chose assurée dans les cas et conditions prévues par la législation en vigueur ;

– En cas de non-paiement de la prime dans les conditions et formes prévues à **l'article 13 du code** des assurances ;

– En cas d'émission de chèque ou d'effet impayé, lorsque la régularisation n'a pas été effectuée dans les délais prévus à **l'article 13-1 du code** des assurances.

Dans tous les cas de résiliation hormis ceux prévus en cas de non-paiement de la prime dans les conditions et formes fixées par **l'article 13 du code** des assurances, l'assureur doit rembourser au souscripteur la fraction de prime afférente à la période pendant laquelle le risque n'est plus garanti.

Lorsque le souscripteur ou l'héritier a la faculté de demander la résiliation, il peut le faire à son choix, soit par déclaration faite contre récépissé au siège de l'assureur ou chez le représentant de l'assureur dans la localité, soit par acte extrajudiciaire, soit par lettre recommandée (**art. 22 du code** des assurances).

La résiliation par l'assureur doit être notifiée par lettre recommandée adressée au dernier domicile connu du souscripteur, avec accusé de réception ou contre décharge (**art. 26 du code** des assurances).

4) La localisation des risques

Sauf convention contraire spécifiée aux conditions particulières ou aux conventions spéciales, le contrat s'exerce sur le territoire du pays de localisation de l'entreprise.

5) Les obligations des parties

***LA DÉCLARATION CONCERNANT LE RISQUE ET SES MODIFICATIONS.**

Le contrat étant établi sur la base des déclarations du souscripteur, ainsi la prime est fixée en conséquence :

– à la souscription du contrat :

Le souscripteur doit, sous peine des sanctions prévues ci-après, répondre exactement aux questions posées par l'assureur, notamment dans le formulaire de déclaration du risque par lequel l'assureur l'interroge lors de la conclusion du contrat, sur les circonstances pouvant permettre l'appréciation du risque.

– en cours de contrat :

Le souscripteur ou éventuellement l'assuré doit déclarer à l'assureur par lettre recommandée toute modification affectant l'un des éléments dont la déclaration est spécifiée au questionnaire proposition et propres au risque assuré.

Cette déclaration doit être faite préalablement à la modification, si celle-ci résulte du fait du souscripteur ou de l'assuré et, dans les autres cas, dans un délai de **quinze (15) jours** à partir du moment où l'un ou l'autre en a eu connaissance.

Lorsque cette modification constitue une aggravation (**art. 15** du code des assurances) telle que si le nouvel état de chose avait existé lors de la conclusion du contrat, l'assureur n'aurait pas contracté ou ne l'aurait fait que moyennant une prime plus élevée, la déclaration doit être faite, sous peine des sanctions prévues ci-après et l'assureur a la faculté, soit de résilier le contrat en remboursant la fraction de prime non courue, soit de proposer un nouveau taux de prime.

Toutefois, l'assureur ne peut plus se prévaloir de l'aggravation des risques quand, après en avoir été informé de quelque manière que ce soit, il a consenti au maintien de l'assurance (**art. 15 al. 4 du code** des assurances).

– les sanctions :

Toute réticence, fausse déclaration intentionnelle, omission ou déclaration inexacte dont la mauvaise foi n'est pas établie entraînent, lorsqu'elles changent l'objet du risque ou en diminuent l'opinion pour l'assureur, l'application selon les cas, des sanctions prévues opposables au souscripteur (**art. 18 et 19 du code** des assurances). Ces sanctions sont également applicables à toute personne ayant la qualité d'assuré.

– **Pluralité d'Assurances :**

Celui qui est assuré auprès de plusieurs assureurs par plusieurs polices pour un même intérêt, contre un même risque, doit immédiatement informer chaque assureur des autres assurances.

Le souscripteur ou l'assuré doit, lors de cette communication, déclarer le nom de l'assureur avec lequel une autre assurance a été contractée et indiquer la somme assurée (**art. 34 du code** des assurances).

Quand plusieurs assurances contre un même risque sont contractées de manière dolosive ou frauduleuse, les sanctions prévues à **l'article 33** du code des assurances sont applicables.

6) Décès de l'assurée et aliénation de la chose assurée

En cas de décès de l'assuré ou d'aliénation de la chose assurée, l'assurance continue de plein droit au profit de l'héritier ou de l'acquéreur, à charge pour celui-ci d'exécuter toutes les obligations auxquelles l'assuré était tenu vis-à-vis de l'assureur en vertu du contrat (**art 40 du code** des Assurances).

Il est loisible toutefois, soit à l'assureur, soit à l'héritier ou à l'acquéreur, de résilier le contrat.

L'assureur peut résilier le contrat dans un délai de **trois (03) mois** à partir du jour ou l'attributaire définitif des objets assurés a demandé le transfert de la police à son nom.

En cas d'aliénation de la chose assurée, celui qui aliène reste tenu vis-à-vis de l'assureur au paiement des primes échues, mais il est libéré, même comme garant des primes à échoir, à partir du moment où il a informé l'assureur de l'aliénation par lettre recommandée (**art 40 du code** des Assurances).

Lorsqu'il y a plusieurs héritiers ou plusieurs acquéreurs, si l'assurance continue, ils sont tenus solidairement de s'acquitter du paiement des primes.

Il ne peut être prévu le paiement d'une indemnité à l'assureur dans les cas de résiliation susmentionnés.

Il faut préciser que ces dispositions ne sont pas applicables en cas d'aliénation d'un véhicule terrestre à moteur.

7) Disparition de la chose assurée

L'assurance est nulle si au moment du contrat, la chose assurée a déjà péri ou ne peut plus être exposée aux risques (**art 44 du code** des Assurances).

Les primes payées doivent être restituées à l'assuré, après déduction des frais exposés par l'assureur, autres que ceux de commissions, lorsque ces derniers ont été récupérés contre l'agent ou le courtier.

8) La diminution des risques

Les primes peuvent être réduites si le souscripteur justifie la diminution des risques garantis. La réduction de prime porte sur la partie de primes non courue depuis la déclaration des circonstances et sur les primes à échoir. À défaut d'une diminution de la prime, l'assuré a la faculté de résilier son contrat (**art. 15 du code** des assurances).

9) Le paiement des primes

La prime et les accessoires de prime dont le montant est stipulé au contrat, ainsi que les impôts et taxes sur les conventions d'assurance dont la récupération n'est pas interdite, sont payables au domicile de l'assureur ou de l'intermédiaire aux conditions fixées par **l'article 13** du code des assurances..

Dans le cas où le paiement est fait au domicile de l'intermédiaire, les conditions suivantes doivent être respectées, conformément à **l'article 541** du code des assurances :

– les chèques et effets de commerce doivent être libellés au nom de l'assureur ;

– les paiements en espèces sont limités à un (01) million de francs CFA.

À défaut de paiement de la prime dans le délai convenu, le contrat est résilié de plein droit ; la portion de prime courue reste acquise à l'assureur, sans préjudice des éventuels frais de poursuite et de recouvrement.

10) Les sinistres : la déclaration - les pièces à fournir

Le Souscripteur ou à défaut l'assuré doit, sous peine de déchéance, sauf cas fortuit ou de force majeure, déclarer les sinistres à l'assureur dès qu'il en a connaissance et au plus tard dans les **cinq (05) jours ouvrés**, par écrit – de préférence par lettre recommandée – ou verbalement contre récépissé, au siège de l'assureur. Ce délai est réduit à **quarante-huit (48) heures** pour tout sinistre vol (**art. 12 du code** des assurances).

Il doit fournir à l'assureur tous les renseignements sur les circonstances et le lieu du sinistre, le nom et l'adresse du lésé et, si possible, ceux des témoins.

Ultérieurement l'assuré doit, dans les **quarante-huit (48) heures** au plus tard, transmettre à l'assureur et dès réception, tous avis, lettres, convocations, assignations, actes extrajudiciaires et pièces de procédure qui seraient adressés, remis ou signifiés à lui-même ou à ses préposés, soit à la requête des parties lésées, soit à la requête du Ministère Public, ainsi que toutes les pièces de procédure, convocations, lettres et tous les avis et avertissements.

Faute par le Souscripteur ou l'assuré de se conformer aux obligations prévues ci-dessus, sauf cas fortuit ou de force majeure, l'assureur peut réclamer une indemnité proportionnée au préjudice que ce manquement peut lui causer.

L'assuré est déchu de son droit à la garantie pour le sinistre en cause en cas de fausse déclaration faite sciemment sur la date, les circonstances et les conséquences apparentes de celles-ci.

Aucune reconnaissance de responsabilité, aucune transaction intervenant en dehors de l'assureur ne lui sera opposable.

Toutefois, n'est pas considéré comme une reconnaissance de responsabilité l'aveu du fait matériel ni le seul fait d'avoir procuré à la victime un secours urgent lorsqu'il s'agit d'un acte d'assistance que toute personne a le devoir moral d'accomplir.

11) Le règlement des dommages

Tout règlement effectué par l'assuré en dehors de l'assureur est inopposable à celui-ci.

L'assuré lui donne tous pouvoirs qu'il s'engage à lui renouveler sur demande, afin de permettre à l'assureur, dans la limite de sa garantie, de régler les dommages, d'engager et de diriger toute procédure en son nom.

En cas d'action intentée devant les juridictions civiles, commerciales et administratives contre l'assuré, l'assureur assure sa défense et, dans la limite de sa garantie, dirige le procès.

En cas d'action intentée devant les juridictions pénales, si la ou les victimes n'ont pas été désintéressées, l'assureur se réserve la faculté, dans la limite de sa garantie, de diriger la défense ou de s'y associer.

En ce qui concerne les voies de recours et dans la limite de sa garantie :

• Devant les premières juridictions, l'assureur en a le libre exercice ;

• Devant les juridictions pénales, l'assureur pourra toujours, au nom de son assuré civilement responsable, exercer toutes voies de recours. Si l'assuré a été cité comme prévenu, l'assureur ne pourra toutefois exercer lesdites voies de recours qu'avec son accord, exception faite du pourvoi en cassation lorsqu'il est limité aux intérêts civils.

Les frais de procès, de quittance et autres frais de règlements ne viendront pas en déduction du montant de la garantie.

Toutefois, en cas de condamnation supérieure au montant de la garantie fixé par le contrat, ces frais seront supportés par l'assureur et par l'assuré, dans la proportion de leurs parts respectives dans la condamnation.

Si l'indemnité allouée à une victime ou à ses ayants droit consiste en une rente et si une acquisition de titres est ordonnée pour sûreté de paiement, l'assureur procède à la constitution de cette garantie, dans la limite de la partie disponible de la somme assurée.

Si aucune garantie spéciale n'est accordée par une décision judiciaire, la valeur de la rente en capital sera calculée d'après les règles applicables au calcul de la réserve mathématique de cette rente.

L'amende étant une peine, elle n'est jamais à la charge de l'assureur.

12) La subrogation

L'assureur est subrogé, jusqu'à concurrence des sommes payées par lui, dans les droits et actions de l'assuré contre tout responsable du sinistre (**art. 42** du code des assurances).

L'assureur peut, moyennant surprime, renoncer à l'exercice d'un recours. Toutefois, si le responsable est assuré, l'assureur peut, malgré sa renonciation, exercer son recours dans la limite de cette assurance et du montant payé.

Si la subrogation ne peut plus, du fait de l'assuré, s'opérer en faveur de l'assureur, celui-ci est déchargé de ses engagements envers l'assuré dans la mesure même où aurait pu s'exercer la subrogation.

13) La coassurance

En cas de stipulation de coassurance aux conditions particulières, les garanties du contrat ainsi que les primes correspondantes sont réparties entre la compagnie apéritrice d'une part et les compagnies d'assurances désignées aux conditions particulières d'autre part, suivant les pourcentages indiqués pour chacune d'elles.

Les compagnies d'assurance désignées aux conditions particulières délèguent à la compagnie apéritrice tout pouvoir pour les représenter, recevoir toutes déclarations, en donner acte, recevoir les primes, en donner bonnes et valides quittances, acquitter auprès du trésor les taxes et droits d'enregistrement afférents aux dites primes, régler ou transiger tout sinistre, recevoir tous avis, toutes communications, et ce dans la limite du pouvoir que leur confrère la police, sans que la compagnie apéritrice ne puisse encourir une responsabilité quelconque vis-à-vis des coassureurs du fait de ses attributions.

D'un commun accord entre les parties, il est convenu que les compagnies s'engagent, chacune pour sa part et sans solidarité entre elles, à couvrir les risques définis par le contrat.

14) La prescription

Toutes actions dérivant d'un contrat d'assurance sont prescrites par **deux (02) ans** à compter de l'événement qui y donne naissance (**art. 28 du code** des assurances).

Toutefois, il faut rappeler que la prescription pour toutes actions en matière de responsabilité civile extracontractuelle est fixée à **cinq (05 ans)** à compter de la date de l'accident.

CHAPITRE IV

IDENTIFICATION DES RISQUES EXISTANTS ET LES RÉPONSES APPORTÉES PAR L'ASSURANCE

Au travers du découpage qui vient d'être étudié ci-avant, nous tenterons d'identifier les risques assurables y afférents, ainsi que les solutions préconisées par les assureurs.

Pour y arriver, il nous semble plus pratique de les analyser un à un, en essayant autant que faire se peut d'examiner les conditions générales qui les régissent et de faire ressortir :

* les grandes lignes de ces risques ;
* les garanties en assurance ;
* l'objet de l'assurance ;
* les exclusions ;
* le mode d'indemnisation ;
* les avantages et les inconvénients.

Il faut tout de même préciser que notre démarche n'est pas de reproduire les conditions générales article par article, dans la mesure où leur présentation (dans le fond et la forme) peut souvent être différente d'une compagnie à une autre. Seules les généralités sont rappelées et développées dans notre étude.

SECTION 1- CONCERNANT LES RISQUES JURIDIQUES

A- les dommages consécutifs à un sinistre incendie ou Dégâts des Eaux

I- Les Garanties offertes par l'assurance

1-La garantie des risques locatifs

a) Objet de la garantie

Elle a pour objet d'indemniser le propriétaire, suite à la réalisation d'un sinistre dont la responsabilité incombe au locataire occupant d'un bien immobilier.

b) Exclusions

- dans le cas où le sinistre incombe au propriétaire (défaut d'entretien/tempête…) ;

- les exclusions générales.

c) Mode d'Indemnisation

L'indemnisation est réalisée après expertise des dommages. Elle est versée après déduction de la vétusté qui sera remboursée si dans un délai de **deux (02) ans** le propriétaire justifie par des factures attestant la réalisation des travaux.

d) Avantages et Inconvénients

Cette garantie est une assurance non obligatoire, elle est limitée au montant déclaré par l'assuré.

Elle permet au locataire assuré de décharger sa présomption de responsabilité sur son assureur.

2 - Le recours des voisins et des tiers

a) Objet de la garantie

Elle a pour objet de couvrir les dommages causés à l'occasion d'un sinistre à toute personne autre que l'assuré et le propriétaire d'un bâtiment.

b) Exclusions

– si l'assuré n'est pas responsable du sinistre ;

– les exclusions générales.

c) Mode d'Indemnisation

L'indemnisation s'effectue après expertise des dommages.

Elle peut aussi être payée au titre d'un recours exercé par l'assureur du tiers lésé.

d) -Avantages et Inconvénients

Elle permet à l'assuré propriétaire ou locataire de décharger sa responsabilité sur l'assureur.

Cette garantie n'étant pas obligatoire, elle est souvent liée à une limite fixée au contrat. Ainsi l'assuré doit toujours vérifier que le capital garanti est suffisant comparé à l'environnement du risque, au standing de son voisinage.....

B- Les risques survenus pendant l'exploitation de l'activité

La responsabilité civile Exploitation :

Il s'agit ici des dommages qu'une entreprise peut causer à des tiers lors de l'exercice de ses activités.

Il s'agit de responsabilité civile délictuelle ou quasi délictuelle, qui couvre l'entreprise et ses préposés en cas de dommage (matériel, corporel ou immatériel) causé à autrui dans le cadre de son exploitation.

a) Objet et étendue de la Garantie

Le présent contrat a pour objet de garantir l'assuré contre les conséquences pécuniaires de la responsabilité civile pouvant lui incomber en vertu des dispositions législatives et celles à caractère réglementaire, applicables en raison des dommages corporels, matériels et immatériels consécutifs causés à un tiers et résultant des risques définis aux conventions spéciales et aux conditions particulières qui fixent le montant des garanties, ainsi que des franchises, c'est-à-dire les sommes que l'assuré supporte personnellement et dont le montant est déduit de tout règlement.

Les garanties du contrat sont accordées sous réserve des exclusions prévues ci-dessous et de celles qui figurent aux conventions spéciales :

– Les responsabilités découlant de l'application des dispositions à l'assurance décennale ;

– Les conséquences pécuniaires de toute responsabilité contractuelle ou professionnelle ;

– Les dommages atteignant l'assuré, son conjoint, ses ascendants, ses associés au cours d'activité commune et pendant leur service, ses salariés et préposés à quelque titre que ce soit ;

– Les dommages pouvant atteindre, d'une manière quelconque, les animaux ou choses que l'assuré ou les personnes dont il est civilement responsable peuvent avoir en dépôt, en location, en garde, en prêt ou pour les utiliser, les travailler, les transporter ou dans tout autre but ;

– Les accidents dus au fait d'ouvrages, travaux, objets, marchandises, denrées ou produits de quelque nature qu'ils soient, déjà livrés par l'assuré, soit définitivement, soit pour essai ;

– Les accidents occasionnés par les chevaux, bestiaux (conduits haut le pied ou attelés) et autres animaux, les bateaux et engins flottants, les appareils élévateurs, les voitures hippomobiles, bicyclettes, tandems, tricycles et triporteurs sans moteur, circulant avec ou sans remorque, dont l'assuré ou les personnes dont il est civilement responsable ont la propriété, la conduite, la garde ou l'usage ;

– Les dommages causés par les véhicules terrestres à moteur soumis à l'obligation d'assurance automobile ;

– Les dommages causés intentionnellement par l'assuré ainsi que ceux résultant de la participation à un pari ou en tant que concurrent à des compétitions revêtant un caractère sportif ;

– Les dommages causés par les bateaux à moteur et par les appareils de navigation aérienne dont l'assureur à la propriété, la conduite ou la garde ;

– Les dommages matériels et immatériels causés aux tiers (y compris les propriétaires) et aux voisins par suite d'incendie, d'explosions, de phénomène d'ordre électrique ou de dégâts des eaux ayant pris naissance dans les biens immeubles dont l'assuré est propriétaire, locataire ou occupant à titre permanent.

– les dommages dus :

• à la pollution, aux atteintes à l'environnement,

• à l'intoxication alimentaire ou empoisonnement provenant de produits alimentaires.

– La responsabilité civile des dirigeants et des mandataires sociaux ;

– Les conséquences d'une publicité mensongère ou d'une concurrence déloyale ;

– Les déplacements conventionnels de responsabilité, de droit commun sauf en cas de déclaration à l'assureur et acceptation par ce dernier ;

– Les pénalités financières résultant :

• du non-respect des conditions de vente : inexécution ou retard apporté dans l'exécution des engagements ;

• de la non-conformité des travaux et/ou produits avec les spécifications techniques du marché (défaut ou insuffisance de rendement ou de performance, inefficacité), sauf lorsque cette non-conformité résulte d'un dommage garanti par la présente police ;

– Les dommages provenant d'une faute intentionnelle ou dolosive de l'assuré ;

– Les vols ou appréhensions frauduleuses ;

– Les dommages occasionnés par des faits :

• de guerre civile ou étrangère, d'actes de terrorisme ou de sabotage, d'émeutes, mouvements populaires, grèves, lock-out,

• de glissement ou affaissement de terrain, de tremblement de terre, inondation, raz-de-marée, ainsi que des phénomènes présentant un caractère catastrophique.

– Les dommages ou l'aggravation des dommages causés par des armes à feu ;

– L'amende qui est une peine ;

– Les conséquences pécuniaires de la responsabilité civile de l'assuré du fait des produits directement livrés aux **U.S.A/CANADA** ;

– Les sinistres dus aux effets directs ou indirects d'explosion, de dégagement de chaleur, d'irradiation provenant de la transmutation de noyaux d'atome ou de la radioactivité ainsi que les sinistres dus aux effets de radiation provoquée par l'accélération artificielle des particules y compris ceux dus aux armes atomiques.

b) L'étendue territoriale

La garantie de l'assureur est limitée en général au territoire du pays de localisation de l'entreprise.

c) La prime : les éléments variables – la déclaration

Lorsque la prime est calculée suivant l'une des formules visées ci-dessous, l'assuré doit, sous peine des sanctions prévues ci-après, déclarer à la compagnie ces éléments retenus comme base de calcul et fixés aux conditions particulières.

Cette déclaration doit être fournie :

• Si la prime est payable d'avance : dans les **quinze (15) jours** suivant l'expiration de l'année d'assurance considérée.

• Si la prime est payable à terme échu : le **15 janvier**, le **15 avril**, le **15 juillet** et le **15 octobre** de chaque année.

En cas d'erreur ou d'omission dans les déclarations servant de base au calcul de la prime, les sanctions prévues par les dispositions des **articles 18** (fausse déclaration intentionnelle) **et 19** (fausse déclaration non intentionnelle) du code des assurances s'appliquent.

À défaut de fourniture dans le délai prescrit d'une déclaration prévue au présent article, l'assureur peut mettre en demeure l'assuré par lettre recommandée de satisfaire à cette obligation dans les **quinze (15)** jours ; si passé ce délai, la déclaration n'a pas été fournie, l'assureur peut mettre en recouvrement, à titre d'acompte et sous réserve de régularisation lorsqu'elle aura reçu la déclaration, une prime provisoire calculée sur la base d'une prime égale à 50 % de la prime provisionnelle.

À défaut de paiement de cette prime après présentation de la quittance, l'assureur peut suspendre la garantie puis résilier le contrat suivant les dispositions fixées par **l'article 13** du code des assurances.

d) la prime : assiette et mode de paiement

La prime est calculée selon les dispositions prévues aux conditions particulières. Elle peut être fixée forfaitairement, à titre provisionnel ou à terme échu.

– La Prime Forfaitaire :

Elle est fixée au contrat et est payable d'avance.

– La Prime provisionnelle payable d'avance :

L'assuré doit, à la souscription et à chaque échéance, verser la prime provisionnelle et éventuellement la partie de prime non ajustable et/ou les surprimes pour risques supplémentaires fixées aux conditions particulières.

À l'expiration de chaque période d'assurance, la prime définitivement due par l'assuré est déterminée en appliquant aux éléments variables retenus comme base de calcul les taux fixés aux conditions particulières sans, le cas échéant, que cette prime définitive puisse être inférieure au montant minimum fixé aux conditions particulières.

Si la prime définitive est supérieure à la prime provisionnelle perçue pour la même période, une prime complémentaire, égale à la différence, est due par l'assuré.

Si la prime définitive est inférieure à la prime provisionnelle, la différence est restituée à l'assuré, compte tenu du minimum prévu aux conditions particulières.

– La Prime payable à terme échu :

L'Assuré doit à la souscription verser la provision fixée aux conditions particulières et, éventuellement, la partie de prime non ajustable et/ou les surprimes pour risques supplémentaires fixées aux dites conditions.

Le montant de la provision, constituant un dépôt, pourra à chaque échéance être ajusté à concurrence de la prime trimestrielle moyenne de la dernière année, s'il entraîne une variation de plus d'un tiers par rapport au dépôt antérieur. Ce dépôt reste dans les caisses de l'assureur à titre de garantie des primes à échoir, sans être productif d'intérêts ; il ne peut en aucun cas tenir lieu de paiement d'une prime échue ou de toute autre somme à l'assureur. Il s'applique toutefois au paiement de la dernière prime en fin de contrat et en cas d'excédent, ce dernier sera restitué à l'assuré.

À l'expiration de chaque trimestre de l'année civile, l'assuré doit verser une prime déterminée en appliquant les taux aux éléments variables retenus comme base de calcul et fixés aux conditions particulières, sans que, éventuellement, la prime pour l'année d'assurance considérée puisse être inférieure au montant fixé aux dites conditions.

e) L'inopposabilité des déchéances

Aucune déchéance motivée par un manquement de l'assuré à ses obligations, commis postérieurement au sinistre, ne sera opposable aux personnes lésées ou à leurs ayants droit.

En cas de déchéance, l'assureur aura la faculté d'exercer contre l'assuré responsable une action en remboursement de toutes les sommes qu'il aura ainsi payées ou mises en réserve à sa place.

Les remboursements d'indemnités que l'assuré serait tenu de faire par application du contrat seraient calculés sur toutes les sommes déboursées ou à réserver par l'assureur, en principal, intérêts, frais et accessoires, les capitaux représentant des rentes étant fixés dans les conditions réglementaires en vigueur à la date du règlement des indemnités.

f) Les avantages et les inconvénients

Cette garantie permet aux professionnels de limiter leurs engagements vis-à-vis des tiers. Elle est subordonnée au découpage suivant :

– Les dommages consécutifs à un dommage matériel ou immatériel couvert ;

– Les dommages non consécutifs à un dommage matériel ou immatériel couvert.

Ce découpage donne lieu à des limites de garantie et des franchises différentes en fonction du cas.

C- Les dommages résultant de l'utilisation d'un véhicule terrestre à moteur

Les Garanties liées à la responsabilité civile automobile

I- Objet et étendue de la garantie

Cette garantie qui a pour objet de satisfaire à l'obligation d'assurance prescrite par **l'article 200** du Code des Assurances s'applique aux conséquences pécuniaires de la responsabilité civile que l'assuré peut encourir, en raison des dommages corporels et/ou matériels causés à autrui au cours ou à l'occasion de la circulation du véhicule assuré et résultant :

– d'accident, d'incendie ou d'explosions causés par le véhicule, les accessoires et produits servant à son utilisation, les objets et substances qu'il transporte ;

– de la chute de ces accessoires, objets, substances et produits.

Sont aussi couverts les dommages résultant de l'utilisation d'appareils terrestres attelés au véhicule assuré, lorsque cette utilisation a été prévue aux conditions particulières.

La garantie responsabilité civile est accordée sans limitation de somme. Toutefois, il faut préciser que ce caractère illimité du montant de la garantie responsabilité civile automobile est souvent sujet à des polémiques dans son interprétation. En effet, par illimité il faut comprendre que l'assureur responsabilité civile du véhicule auteur de l'accident est tenu de réparer l'ensemble des préjudices causés aux victimes et ce, quel que soit le nombre de victimes.

En revanche, s'agissant du montant des indemnisations à verser à chaque victime ou à ses ayants droit, le code des assurances a fixé un barème d'indemnisation avec des plafonds prédéfinis.

Par circulation il faut entendre tout véhicule terrestre à moteur en mouvement ou en stationnement sur la voie publique.

L'assurance automobile est aussi étendue à :

– La Garantie de la responsabilité civile à l'égard **des personnes transportées** :

La garantie de la responsabilité civile de l'assuré à l'égard des personnes transportées dans le véhicule assuré est limitée, lorsqu'elle joue, aux dommages corporels causés à ces personnes, ainsi qu'à la détérioration de leurs vêtements quand elle est l'accessoire d'un accident corporel ; et cette garantie n'a d'effet qu'aux conditions suivantes :

* Véhicules « tourisme » et véhicules affectés au transport en commun de personnes : les passagers dont le nombre n'excède pas celui porté sur le récépissé de déclaration de mise en circulation doivent être transportés à l'intérieur du

véhicule, les enfants de moins de **dix (10) ans** étant souvent comptés pour moitié ;

* Véhicules utilitaires : les personnes transportées doivent avoir pris place soit à l'intérieur de la cabine, soit sur un plateau muni de ridelles, soit à l'intérieur d'une carrosserie fermée, et leur nombre ne doit pas excéder **huit (08)** en général, en plus du conducteur, **deux (02)** au maximum se trouvant dans la cabine ; les enfants de moins de **dix (10) ans** ne comptent que pour moitié, et à la condition que les passagers ne soient pas installés sur les marchandises chargées dans le véhicule.

* Véhicules à deux (02) roues et triporteurs : le nombre de personnes transportées ne doit pas dépasser celui des places prévues par le constructeur : la présence d'un enfant de moins de **cinq (05) ans**, accompagné d'un adulte n'implique pas les dépassements de cette limite.

* Semi-remorques : elles doivent être construites en vue d'effectuer les transports de personnes, et les passagers doivent être transportés à l'intérieur de la semi-remorque.

* Véhicules aménagés pour le transport de voyageurs à titre payant : ces véhicules doivent être soumis en temps voulu aux vérifications prévues au Code de la Route (partie réglementaire).

Le non-respect des conditions ci-dessus n'est pas opposable aux victimes ou à leurs ayants droit, l'assureur conservant toutefois contre le responsable, pour le compte de qui il aura payé ou sera tenu de payer, le droit d'exercer une action en remboursement pour toutes les sommes qu'il a ainsi payées ou mises en réserve à sa place.

– La Garantie annexe - transport des blessés :

• L'assureur remboursera à l'assuré les frais exposés par lui pour le nettoyage ou la remise en état des garnitures intérieures du véhicule, de ses effets vestimentaires et de ceux des personnes l'accompagnant, lorsque ces frais résulteront des dommages occasionnés par le transport d'une personne blessée dans un accident de la route ;

- Seront couverts, à condition que ladite garantie soit expressément prévue aux conditions particulières, les dommages subis par les personnes transportées à titre gratuit sur un véhicule à deux roues, dans un side-car ou un triporteur. Toutefois, l'assurance couvre les dommages subis par les personnes autres que celles visées ci-dessous qui, se trouvant en péril, sont transportées au lieu où des secours peuvent leur être apportés. Ces personnes sont : le conducteur, les préposés ou salariés de l'assuré responsables de l'accident pendant leur service, les responsables légaux de la société propriétaire du véhicule lorsqu'ils sont transportés par le véhicule assuré, les personnes transportées par le véhicule assuré dans des conditions de sécurité insuffisantes (**Article 207, alinéa 2** du code des assurances).

– La Garantie « Responsabilité civile hors circulation » :

L'Assureur garantit les conséquences pécuniaires de la responsabilité civile encourue par l'assuré en raison des dommages corporels et/ou matériels causés à autrui à la suite d'accidents, d'explosions ou d'incendies, mais qui sont survenus dans un lieu non ouvert à la circulation du public, alors que le véhicule était en stationnement.

Toutefois, les dommages causés par les accessoires et produits servant à l'utilisation du véhicule et ceux causés par les objets et substances qu'il transporte ne sont garantis que pour autant qu'ils font corps avec lui ou y sont contenus.

Le montant de la garantie Responsabilité civile hors circulation est accordé sans limitation de somme (sauf pour le recours des tiers incendie où il est souvent limité- Par exemple, au Sénégal il est limité à **F CFA 50 millions**).

II– Les dispositions communes aux assurances de responsabilité civile automobile

1– Définition

Il faut entendre par :

– **Assuré :** le souscripteur, le propriétaire du véhicule et toute personne ayant la garde ou la conduite même non autorisée du véhicule, à l'exception des professionnels de la réparation, de la vente et du contrôle de l'automobile, en ce qui concerne les véhicules qui leur sont confiés en raison de leurs fonctions. Est également couverte la responsabilité civile des passagers du véhicule assuré, du fait de dommages subis par les tiers et causés par le véhicule assuré transportant lesdits passagers.

– **Dommages matériels :**

Toute destruction, détérioration ou disparition d'une chose ou substance, toute atteinte physique à des animaux.

– **Dommages corporels :**

Toute atteinte corporelle subie par une personne physique.

– **Accident :** Tout événement soudain, imprévu et extérieur à la victime ou à la chose endommagée, constituant la cause des dommages corporels ou matériels.

2– Les Risques exclus, mais soumis à l'assurance obligatoire

Conformément aux **articles 206, 207 et 208 du code des Assurances**, les risques ci-dessous sont exclus de la garantie. Toutefois, dès lors que l'assuré s'y expose, il est tenu de s'assurer sous peine des sanctions prévues par la loi.

– LE TRANSPORT DE PERSONNES À TITRE ONÉREUX

Lorsque le souscripteur n'exerce pas la profession de transporteur de personnes et qu'il ne souscrit pas le contrat pour un véhicule servant à l'exercice de cette profession, la responsabilité civile qui incombe à l'assuré en raison des dommages subis par les personnes transportées à titre onéreux est exclue de la garantie.

Ce risque peut être couvert moyennant mention aux conditions particulières et prime spéciale.

– LE TRANSPORT DE PERSONNES SUR VÉHICULE À MOINS DE 4 ROUES

La responsabilité civile qui incombe à l'assuré en raison des dommages subis par les personnes transportées sur un véhicule à deux (02) roues, dans un side-car ou sur un triporteur, est exclue de la garantie.

3– Les Autres risques exclus

Est également exclue de la garantie la responsabilité civile qui incombe à l'assuré, en raison :

– DES DOMMAGES CAUSÉS AUX PERSONNES SUIVANTES :

* la personne conduisant le véhicule ;

* pendant leur service, les salariés ou préposés de l'assuré responsable des dommages ;

* lorsqu'ils sont transportés par le véhicule assuré, les représentants légaux de la personne morale propriétaire du véhicule.

* les personnes transportées lorsque le transport n'est pas effectué dans des conditions suffisantes de sécurité, conformément à l'article **207 alinéa 2** du code des Assurances.

– DES DOMMAGES CAUSÉS :

* aux marchandises et objets transportés par le véhicule assuré, sauf en ce qui concerne la détérioration des vêtements des personnes transportées, lorsque celle-ci est l'accessoire d'un accident corporel.

* aux immeubles, choses ou animaux loués ou confiés à l'assuré ou au conducteur, à n'importe quel titre.

– DES DOMMAGES CAUSÉS LORSQU'AU MOMENT DU SINISTRE LES VÉHICULES AMÉNAGÉS POUR LE TRANSPORT DE PERSONNES À TITRE PAYANT N'AURONT PAS ÉTÉ SOUMIS EN TEMPS VOULU AUX VÉRIFICATIONS PRÉVUES AU CODE DE LA ROUTE.

4- La Sauvegarde des droits des victimes

Ne sont pas opposables aux victimes ou à leurs ayants droit :

– La limitation de garantie prévue à **l'article 209** du Code des assurances, sauf le cas où le sinistre n'a causé que des dégâts matériels et que le montant de ceux-ci n'excède pas la somme fixée par arrêté du ministre en charge du secteur des assurances ;

– Les déchéances.

– La réduction de l'indemnité applicable en cas d'omission ou de fausse déclaration non intentionnelle ;

– Les exclusions de garanties prévues aux articles **207 et 208 du Code** des Assurances ;

– La résiliation de plein droit prévue à **l'article 13-1** du code des assurances pour les sinistres survenus avant l'expiration du délai de régularisation.

Dans les cas susmentionnés, l'assureur procède au paiement de l'indemnité pour le compte du responsable.

Il peut exercer contre ce dernier une action en remboursement pour toutes les sommes qu'il a ainsi payées ou mises en réserve à sa place, sauf exceptions prévues à **l'article 207** du Code des Assurances (dernier paragraphe).

5– Les Obligations de l'assuré en cas de sinistre

En cas de sinistre, l'assuré doit, outre la déclaration prévue à **l'article 17**, transmettre à l'assureur et dans les plus brefs délais, tous avis, lettres, convocations, assignations, actes extrajudiciaires et pièces de procédure qui seraient adressés, remis ou signifiés à lui-même ou à ses préposés, concernant un sinistre susceptible d'engager une responsabilité couverte par les présentes garanties.

Faute par l'assuré de remplir cette obligation et sauf cas fortuit ou de force majeure, l'assureur peut lui réclamer une indemnité proportionnelle au dommage que le manquement de l'assuré peut lui causer.

6– La Sauvegarde des droits de l'assureur

En cas de dommages causés à autrui, aucune reconnaissance de responsabilité, aucune transaction intervenant en dehors de l'assureur ne lui sera opposable.

Toutefois, n'est pas considéré comme une reconnaissance de responsabilité l'aveu de la matérialité d'un fait, ni le seul fait d'avoir procuré à la victime un secours urgent, lorsqu'il s'agit d'un acte d'assistance que toute personne a le devoir moral d'accomplir.

Seul l'assureur a le droit de transiger avec la personne lésée, dans la limite de sa garantie.

7– La Franchise

Lorsqu'une franchise est prévue aux conditions particulières, l'assuré conservera à sa charge :

– toutes les indemnités dues par lui pour un même sinistre et dont le total ne dépasse pas celui de la franchise ;

– le montant de la franchise sur le total des indemnités dues par lui, pour un même sinistre, lorsque ce total est supérieur à la franchise.

L'assureur procède au règlement des dommages, tant pour son compte que pour celui de l'assuré, à charge pour ce dernier de lui rembourser la part qui lui incombe.

À défaut pour l'assuré d'effectuer ce remboursement, le contrat sera résilié de plein droit, sans préjudice des droits et actions de l'assureur, à l'expiration d'un délai de trente jours après l'envoi par l'assureur au souscripteur et à l'assuré d'une lettre recommandée de mise en demeure restée sans effet.

8– L'Obligation de l'assureur en cas de sinistre

Les frais de procès, de quittance et autres frais de règlement ne viennent pas en déduction du montant de la garantie.

Toutefois, en cas de condamnation à un montant supérieur à celui de la garantie souscrite, ils seront supportés par l'assureur et l'assuré, dans la proportion de leurs parts respectives dans la condamnation.

Si l'indemnité allouée par décision judiciaire à une victime ou à ses ayants droit consiste en une rente et si une acquisition de titres est ordonnée à l'assureur par cette décision pour sûreté de son paiement, l'assureur s'exécute, dans la limite de la partie disponible de la somme assurée à la constitution de cette garantie. Si aucune acquisition de titres ne lui est ordonnée, la valeur de la rente en capital est calculée d'après les règles applicables pour le calcul de la réserve mathématique de cette rente ; si cette valeur est inférieure à la somme disponible, la rente est intégralement à la charge de l'assureur ; dans le cas contraire, seule est à la charge de l'assureur la partie de la rente correspondant en capital à la partie disponible de la somme assurée.

9– La Procédure

En cas d'action mettant en cause une responsabilité assurée et dans la limite de la garantie :

– devant les juridictions civiles et administratives, l'assureur assume la défense de l'assuré, dirige le procès et a le libre exercice des voies de recours ;

– devant les juridictions pénales, si la ou les victimes n'ont pas été désintéressées, l'assureur a la faculté de diriger la défense ou de s'y associer et d'exercer les voies de recours si elles sont limitées aux intérêts civils.

10– Notion de Présomption de Garantie - l'Attestation d'assurance et le Certificat d'assurance détachable

L'assureur doit délivrer sans frais au souscripteur et dans les **quinze (15) jours** de la souscription de l'assuré, les documents suivants faisant présumer que l'obligation d'assurance a été satisfaite :

– l'attestation d'assurance ;

– le certificat détachable de cette attestation et apposé sur le véhicule.

Faute d'établissement immédiat de ces documents, il est délivré à la souscription du contrat, une attestation et un certificat provisoire dont la durée de validité ne peut excéder un mois (**art.216 et 222** du code des Assurances).

Ces documents ne pourront être renouvelés que lors du paiement de la prime ou portion de prime correspondante.

En outre, en ce qui concerne les véhicules de plus de deux roues mis en circulation depuis trois ans au moins, l'attestation ne pourra être remise que sur présentation d'un certificat attestant que le véhicule concerné a été soumis depuis moins d'un an à la vérification de son état mécanique prévue par les lois et règlements.

11– L'Aliénation du véhicule assuré (article 41 du code des assurances)

En cas d'aliénation d'un véhicule terrestre à moteur ou ses remorques ou semi-remorques, et seulement en ce qui concerne le véhicule aliéné, le contrat d'assurance est suspendu de plein droit à partir du cinquième jour de l'aliénation, à vingt-quatre heures. Il peut être résilié par chacune des parties moyennant un préavis de **dix (10) jours**.

À défaut de remise en vigueur du contrat par accord des parties ou de résiliation par l'une d'elles, la résiliation intervient de plein droit à l'expiration d'un délai de **six (06) mois** à compter de l'aliénation.

L'assureur est tenu au remboursement du prorata de prime correspondant à la période allant de la date de cette résiliation à la date d'échéance.

L'assuré doit informer l'assureur, par lettre recommandée ou par tout autre moyen prévu par la police, de la date d'aliénation.

Il ne peut être prévu le paiement d'une indemnité à l'assureur dans les cas de résiliation susmentionnés.

Il convient toutefois de préciser que cette suspension de plein droit n'est pas opposable aux victimes d'accident et à leurs ayants droit.

III) Mode d'Indemnisation

L'indemnisation des dommages (matériels et/ou corporels) est conditionnée par la responsabilité de l'assuré. Celle-ci est définie après analyse par les compagnies d'assurance du constat d'accident et des déclarations des parties. Dans le cas de sinistre corporel, l'assureur du véhicule devra indemniser, quel que soit le nombre de victimes.

IV) Avantages et Inconvénients

– Cette garantie, faisant partie des assurances obligatoires, ne comporte pas de limitations.

D – Le risque « Accident de travail »

La garantie de la faute inexcusable

a) Objet de la garantie

C'est une garantie qui a pour objet de prémunir le chef d'entreprise des conséquences pécuniaires d'un accident de travail.

b) Exclusions

– Les exclusions générales évoquées ci-avant restent valables.

c) Mode d'Indemnisation

Quelles que soient les conditions ou circonstances de l'accident, la responsabilité du chef d'entreprise sera toujours retenue et à ce titre, son assureur devra indemniser le salarié pour son préjudice.

d) Avantages et Inconvénients

C'est une garantie importante. Elle n'est pas obligatoire, raison pour laquelle elle est souvent souscrite avec un capital très limité (faible).

SECTION 2 – LES RISQUES CONCERNANT LE PATRIMOINE HUMAIN

A– Le risque d'incapacité de travail du travailleur non salarié

I– La garantie indemnité journalière

a) Objet

Elle a pour objet le paiement d'un revenu complémentaire pendant les périodes d'incapacité totale de travail causée soit par une maladie, soit par un accident.

b) Exclusions

– La pratique de sports classés à risque par les assureurs (Plongée sous marine/Alpinisme/, etc.) ;

– Les exclusions générales sont les mêmes que ci-dessus.

c) Mode d'Indemnisation

Le mode d'indemnisation est forfaitaire et fixé au contrat. L'assureur s'engage à verser le montant indiqué par jour, déduction faite d'une franchise contractuelle (exprimée en nombre de jours).

d) Avantages et Inconvénients

L'indemnisation est généralement limitée dans le temps (1 an maximum).

C'est une garantie utile pour les petites et moyennes entreprises qui en cas d'arrêt de travail n'auront plus de ressources.

II - La garantie invalidité

a) Objet de la garantie

Elle intervient à la consolidation, c'est-à-dire au moment où l'état de santé de l'assuré (victime) n'est plus susceptible d'amélioration ou d'aggravation.

b) Exclusions

– Elles sont les mêmes que celles évoquées précédemment ;

– les exclusions générales aussi.

c) Mode d'Indemnisation

L'indemnité est exigible à partir d'un taux d'invalidité minimum fixé par expertise médicale.

Le calcul s'effectue par l'application du taux au capital prévu au contrat.

d) Avantages et Inconvénients

Cette garantie est plus qu'importante, car une fois invalide la victime peut ne plus jamais retrouver un travail.

Le calcul du taux d'invalidité est fixé contractuellement et peut souvent varier d'une compagnie à l'autre.

B- Le risque de décès d'une personne importante pour l'entreprise

La Garantie temporaire décès homme clé

a) Objet de la garantie

Ce contrat a pour objet de garantir le paiement d'un capital en cas de décès d'une personne importante de l'entreprise (le Chef d'entreprise ou une autre personne importante) désignée au contrat.

b) Exclusions

– L'assuré (le souscripteur) ;

– Les sports à haut risque ;

– Le suicide ;

– Les exclusions générales.

c) Mode d'Indemnisation

Le capital-décès prévu au contrat est perçu par l'entreprise qui a souscrit le contrat.

d) Avantages et Inconvénients

Ce contrat souscrit par l'entreprise garantit le remboursement d'un capital en compensation du décès d'une personne occupant un poste clé dans l'entreprise et désignée au contrat.

SECTION 3- AU TITRE DES RISQUES FINANCIERS

I– L'arrêt d'exploitation de l'entreprise après un sinistre grave

A- La garantie Perte d'Exploitation

a) Objet de la garantie

C'est une assurance qui a pour objet de garantir la perte de marge brute à la suite d'un sinistre majeur (un incendie ou un dommage électrique, un bris de machine).

b) Exclusions

– Toute réclamation non consécutive à un sinistre matériel garanti ;

– Ne joue pas s'il n'y a pas d'arrêt de l'activité lié à un sinistre garanti ;

– Les exclusions générales.

c) Mode d'Indemnisation

Après un sinistre, un expert est désigné pour analyser et évaluer la perte de marge brute enregistrée par l'entreprise.

d) Avantages et Inconvénients

C'est une garantie indispensable, mais généralement négligée par la plupart des Chefs d'entreprise, du fait d'un manque d'informations ou de difficultés de compréhension.

Elle permet à une entreprise de poursuivre le paiement de ses charges fixes malgré l'arrêt de son activité du fait d'un sinistre majeur.

Elle a une durée d'intervention limitée dans le temps, généralement **12 ou 18 mois (il s'agit de la Période d'indemnisation**).

Aussi, comme la mise en jeu de la garantie s'effectue a posteriori, il peut arriver qu'une entreprise qui a très tôt repris son activité normale ne reçoive qu'une faible indemnité, si par exemple elle a réussi toute seule à reconstituer sa marge brute.

Il faut également préciser que cette garantie est soumise à déclaration de Chiffre d'Affaires.

B- La garantie Perte de valeur vénale de fonds de commerce

a) Objet de la garantie

L'objet de cette assurance est d'indemniser la perte de valeur vénale du fonds de commerce après un sinistre majeur garanti (Exemple : l'Incendie).

b) Exclusions

– Toute réclamation non consécutive à un sinistre matériel garanti ;

– Ne joue pas s'il n'y a pas d'arrêt de l'activité lié à un sinistre garanti ;

– Les exclusions générales également.

c) Mode d'Indemnisation

L'indemnisation est effectuée après étude des trois derniers bilans de l'activité assurée.

Celle-ci ne peut dépasser le montant fixé par les dispositions particulières du contrat.

Elle n'est versée que si l'entreprise ne peut plus se réinstaller ou décide de cesser ses activités.

d) Avantages et Inconvénients

Ce contrat convient mieux aux petites et moyennes entreprises **(PME)** & petites et moyennes industries **(PMI)**. En effet, dans le cas d'un sinistre total le bail d'une entreprise locataire pourrait être résilié par le propriétaire des locaux au profit d'un autre. Ainsi, l'entreprise perdrait son fonds de commerce puisque ses clients ne pourront pas tous la suivre en cas de réinstallation dans un autre endroit.

La garantie étant limitée au capital indiqué aux conditions particulières, il appartient à l'entreprise de veiller à ce que le montant souscrit soit suffisant.

II- Les risques liés à l'insolvabilité de la clientèle de l'entreprise

L'assurance crédit - caution :

a) Objet de la garantie

Ces formes d'assurance ont un double objet. D'une part, le crédit qui permet à l'entreprise de se prémunir contre les clients qui ne s'acquittent pas de leur dette à date échue. D'autre part, la caution qui a pour rôle d'accompagner l'entreprise assurée, en offrant la garantie à ses fournisseurs que ses engagements seront honorés.

b) Exclusions

– les exclusions classiques des contrats dommages ;

– les risques politiques ;

– et les exclusions générales.

c) Mode d'indemnisation

– l'assureur crédit se substitue au client mauvais payeur et rembourse à son assuré sa créance.

– l'assureur caution quant à lui, intervient en cas de défaillance de son assuré en payant la créance due au fournisseur.

d) Avantage et Inconvénients

– l'assurance crédit permet à l'assuré de ne plus avoir à craindre des impayés importants, même si son client fait faillite.

– l'assureur caution aide à obtenir des marchés, mais évite aussi à l'entreprise en difficulté d'avoir à payer elle-même au risque de mettre son existence en péril.

SECTION 4 : AU TITRE DES RISQUES DE DESTRUCTION DE MATÉRIELS

A- Les risques de destruction de l'outil de travail par un sinistre majeur

I- La garantie incendie

1) Objet de la garantie

Sont garantis aux lieux indiqués dans la police :

a- Les Dommages Matériels causés directement par conflagration, embrasement ou simple combustion aux biens de l'entreprise :

– Aux Biens Immobiliers, c'est-à-dire aux bâtiments et à leurs dépendances, à l'exclusion des clôtures ne faisant pas partie intégrante des bâtiments, ainsi qu'à toutes les installations qui ne peuvent être détachées des bâtiments sans être détériorées ou sans détériorer la partie de la construction à laquelle elles sont attachées.

– Aux Établissements et Aménagements, exécutés à leurs frais par les locataires ou occupants.

– Au Mobilier appartenant à l'assuré, aux membres du personnel, aux objets pris en location par lui.

Dans ces biens sont compris les bijoux, pierreries, perles fines statues et tableaux de valeur, collectes d'objets rares et précieux.

Toutefois, sauf stipulation contraire, l'indemnité due en cas de sinistre sur les objets énumérés au présent alinéa ne peut dépasser 30 % du capital assuré sur l'ensemble du mobilier. Il n'y a pas dérogation pour autant à la règle proportionnelle, qui reste applicable en cas d'insuffisance du capital assuré sur l'ensemble du mobilier.

– Au Matériel industriel, commercial ou agricole…, contenu dans les locaux assurés.

– Aux marchandises à tous états, matières premières, fournitures et approvisionnement se rapportant à la profession de l'assuré.

b – Les Pertes Indirectes résultant d'un incendie telles que :

– La privation de jouissance, c'est-à-dire la perte de valeur locative résultant de l'impossibilité pour l'occupant (propriétaire ou locataire) d'utiliser temporairement tout ou partie des locaux dont il a la jouissance.

– La perte des loyers, c'est-à-dire le montant des loyers dont l'assuré peut, en tant que propriétaire, se trouver privé.

Toutefois, l'assureur ne répond pas, sauf convention contraire, des dommages occasionnés par la seule action de la chaleur ou par le contact direct et immédiat du feu ou d'une substance incandescente, s'il n'y a eu ni incendie ni commencement d'incendie susceptible de dégénérer en incendie véritable (**Article 45** du Code des Assurances).

2) Autres Risques

Toutes les garanties énumérées ci-dessus, selon les dispositions légales qui leur sont applicables, peuvent être étendues, moyennant des primes distinctes et stipulation expresse aux conditions particulières :

a – Aux Dommages Matériels autres que ceux d'incendies occasionnés directement :

➢ Par la chute de la foudre dûment constatée sur les biens assurés, et par l'électricité, à l'exclusion des dommages aux machines électriques, transformateurs, appareils électriques, etc., tels que prévus au paragraphe c) ci-après.

➢ Par les explosions de toute nature et notamment des gaz servant au chauffage, à l'éclairage et à la force motrice, de la dynamite et autres explosifs analogues, des matières ou substances autres que les explosifs proprement dits, ainsi que les explosions et coups d'eau des appareils à vapeur à l'exception des crevasses et fissures dues notamment à l'usure, au gel et aux coups de feu.

De convention expresse entre les parties, l'explosion est une action subite et violente de la pression ou de la dépression de gaz ou de vapeurs, que ceux-ci aient existé avant cette action ou que leur formation lui ait été concomitante.

Sont exclus les dommages aux compresseurs, transformateurs, moteurs, turbines et objets ou structures gonflables, causés par l'explosion de ces appareils ou objets eux-mêmes, ainsi que les déformations sans rupture causées à un récipient ou un réservoir par une explosion ayant pris naissance à l'intérieur de celui-ci.

b– Aux dommages matériels autres que ceux d'incendie et d'explosion causés aux objets assurés par le choc ou la chute des appareils de navigation aérienne, ou de parties d'appareils, ou d'objets tombant de ceux-ci.

c– Aux dommages d'ordre électrique subis par les machines électriques, transformateurs, appareils électriques ou électroniques quelconques, canalisations électriques (autres que les canalisations enterrées) et leurs accessoires, appartenant ou confiés à l'assuré, ainsi qu'aux dommages causés aux mêmes objets par un incendie dont ils sont à l'origine.

d– Aux frais de déplacement et de remplacement de tous les objets mobiliers, teintures, tapisseries, tableaux, dans le cas où le déplacement serait indispensable pour effectuer à l'intérieur des locaux assurés des réparations nécessitées par un sinistre garanti.

e – Au remboursement des honoraires payés par l'assuré à l'expert choisi par lui à l'occasion d'un sinistre garanti.

f– Aux frais de démolition et de déblais consécutifs à un sinistre garanti. Toutefois, dans la limite de 5 % du montant de l'indemnité payée, la garantie est accordée d'office sans surprime et sans que l'indemnité totale puisse excéder le montant du capital assuré.

3) Risques exclus

– Le contrat ne garantit pas les pertes et dommages provenant d'une faute intentionnelle ou dolosive de l'assuré, ainsi que ceux causés ou provoqués avec sa complicité.

– Le contrat ne garantit pas, sauf convention contraire aux conditions particulières :

*Les dommages pouvant être considérés comme provenant d'un incendie (notamment accidents de fumeurs, objets tombés ou jetés dans un foyer, brûlures occasionnées par un excès de chaleur sans embrasement, etc.) ;

*Les dommages aux machines électriques, transformateurs, appareils électriques ou électroniques quelconques, canalisations électriques et leurs accessoires, à moins qu'ils ne soient causés par l'incendie ou l'explosion d'un objet voisin ;

* Les dommages aux véhicules à moteur et à leurs remorques ;

* Les dommages aux modèles, moules, dessins, archives, clichés, microfilms ainsi qu'aux fichiers, bandes, disques et mémoires afférents aux ensembles électroniques ou informatiques ;

* Les dommages occasionnés par l'un des événements suivants :

– Guerre étrangère : il appartient à l'assuré de prouver que le sinistre résulte d'un fait autre que le fait de guerre étrangère (**art 38 du code des Assurances**) ;

– Guerre civile, actes de terrorisme ou de sabotage. Il appartient à l'assureur de prouver que le sinistre résulte d'un de ces faits (**art 38 du code des Assurances**) ;

– Émeutes ou mouvements populaires. Il appartient à l'assureur de prouver que le sinistre résulte d'un de ces faits (**art 38 du Code des assurances**) ;

– Éruption de volcan, tremblement de terre, inondation, raz-de-marée ou autres cataclysmes naturels (**art 50 du code des Assurances**) ;

– Les dommages autres que ceux d'incendie, causés par l'ébranlement résultant du franchissement du mur du son par un aéronef ;

– Les dommages autres que ceux d'incendie causés par une explosion se produisant dans une fabrique ou un dépôt d'explosifs ;

– Les dommages causés par un ouragan, tempête, trombe ou cyclone ;

– Les dommages autres que ceux d'incendie ou d'explosion, causés aux objets assurés et provenant d'un vice propre, d'un défaut de fabrication, de leur fermentation ou oxydation lente (les pertes dues à la combustion vive étant seules couvertes). (**art. 37 du Code des Assurances**) ;

– Les destructions d'espèces monnayées, de titres de toute nature et de billets de banque ;

– Le vol des objets assurés survenu pendant un incendie, la preuve du vol étant à la charge de l'assureur ;

– Les dommages dus aux effets directs ou indirects d'explosion, de dégagement de chaleur, d'irradiation provenant de transmutation de noyaux d'atomes ou de la radioactivité ainsi que les sinistres dus aux effets de radiations provoquées par l'accélération artificielle de particules.

4) Situation des Risques

Les garanties, y compris les recours, s'appliquent exclusivement aux lieux indiqués aux conditions particulières.

La garantie cesse donc ses effets sur les biens assurés ayant fait l'objet d'un transfert dans un autre lieu. Dans ce cas, la prime échue reste acquise à l'assureur.

En cas de transfert total des biens assurés dans une localité sise sur le territoire national, la garantie est maintenue, sous réserve de déclarations à l'assureur de tous les renseignements et informations sur les nouveaux locaux (nature de la construction et de la couverture, installations diverses, proximité, valeur des bâtiments ou loyer mensuel, etc.).

5) Déclaration à la Souscription et en Cours de Contrat – Sanctions

Le contrat est établi d'après les déclarations du souscripteur et la prime est fixée en conséquence.

a– À la souscription du contrat

Le souscripteur doit, sous peine des sanctions prévues ci-après, répondre exactement aux questions posées par l'assureur, notamment dans le formulaire de déclaration du risque par lequel l'assureur l'interroge lors de la conclusion du contrat, sur les circonstances qui sont de nature à faire apprécier par l'assureur les risques qu'il prend à sa charge (**art 12-2 du Code des Assurances**), notamment :

– la qualité en laquelle il agit : propriétaire de tout ou partie, nu propriétaire, usufruitier, locataire, occupant, dépositaire, administrateur, souscripteur pour compte d'autrui ;

– les conditions d'installation et de couverture des bâtiments assurés ou renfermant les objets assurés ;

– les modes d'éclairage, chauffage et force motrice ;

– l'affectation des bâtiments et, s'il s'agit d'une industrie, les procédés de fabrication utilisés ;

– les dépôts de denrées, marchandises, produits ou objets augmentant les dangers d'incendie ;

– les contiguïtés avec ou sans communication à des risques plus graves ;

– la proximité des risques plus graves s'ils sont distants de moins de (10) dix mètres ;

– les moyens de secours ;

– toute renonciation à recours contre un responsable ou garant.

b- En cours de contrat

Le souscripteur doit déclarer exactement, sous peine des sanctions prévues ci-après, toutes les modifications apportées.

Il doit déclarer les circonstances nouvelles qui ont pour conséquence, soit d'aggraver les risques, soit d'en créer de nouveaux et rendent de ce fait inexactes ou caduques les réponses données à l'assureur, notamment dans le formulaire mentionné ci-dessus (**art 12-3 du code des Assurances**).

Cette déclaration doit être faite préalablement à la modification, si celle-ci résulte du souscripteur ou de l'assuré et, dans tous les autres cas, dans un délai de **quinze (15) jours** à partir du moment ou l'un ou l'autre en a eu connaissance par lettre recommandée ou contresignée.

En cas de lettre contresignée, un récépissé servant de preuve lui sera délivré par l'assureur.

En cas d'aggravation du risque en cours de contrat, au point que si les circonstances nouvelles avaient été déclarées lors de la conclusion ou du renouvellement du contrat, l'assureur aurait la faculté soit de dénoncer le contrat en remboursant la fraction de prime non courue, soit de proposer un nouveau montant de prime (**art 15 du code des Assurances**).

Si pour la fixation de la prime il a été tenu compte de circonstances spéciales, mentionnées dans la police, aggravant les risques, et si ces circonstances viennent à disparaître au cours de l'assurance, l'assuré a le droit de résilier le contrat, sans indemnité, si l'assureur ne consent pas à la diminution de prime correspondante, d'après le tarif applicable lors de la souscription du contrat.

7) Expertise – Sauvetage

Si les dommages ne sont pas fixés de gré à gré, une expertise amiable est toujours obligatoire sous réserve des droits respectifs des parties. Chacune des parties choisit un expert.

Si les experts ainsi désignés ne sont pas d'accord, ils s'adjoignent un troisième expert. Les trois experts opèrent en commun et décident à la majorité des voix.

Faute par l'une des parties de nommer son expert, ou par les deux experts de s'entendre sur le choix du troisième, la désignation est effectuée par le Président du Tribunal compétent, dans le ressort duquel le sinistre s'est produit. Cette nomination a lieu sur simple requête de la partie la plus diligente faite au plus tôt **quinze (15) jours** après l'envoi à l'autre partie d'une lettre recommandée de mise en demeure avec avis de réception.

L'expertise après sinistre s'effectue, en cas d'assurance pour le compte de qui il appartiendra, avec le souscripteur du contrat.

Chaque partie paie les frais et honoraires de son expert et, s'il y a lieu, la moitié des honoraires du tiers expert et des frais de sa nomination.

L'assuré ne peut faire aucun délaissement des objets garantis. Le sauvetage intact reste sa propriété, même en cas de contestation sur sa valeur.

Faute d'accord sur l'estimation, la vente amiable, ou la vente aux enchères du sauvetage sur matériel et marchandises, chacune des parties peut demander, par simple requête au Président du Tribunal compétent, la désignation d'un expert pour procéder à l'estimation du sauvetage.

8) Estimation après Sinistre des Biens Assurés

L'assurance ne peut être une cause de bénéfice pour l'assuré, elle ne lui garantit que la réparation de ses pertes réelles ou de celles dont il est responsable.

La somme assurée ne pouvant être considérée comme preuve de l'existence et de la valeur (au moment du sinistre) des biens sinistrés, l'assuré est tenu d'en apporter la preuve par tous les moyens et documents en son pouvoir, ainsi que de l'importance du dommage :

– Les bâtiments, y compris les caves et fondations, abstraction faite de la valeur du sol, sont estimés d'après leur valeur réelle, au prix de reconstruction au jour du sinistre, vétusté déduite.

Les embellissements attachés à perpétuelle demeure aux bâtiments, de même que tous les ouvrages d'ornementation architecturale, sont estimés d'après le prix de leur reconstitution selon la technique moderne, sans considération d'aucune valeur artistique (attachée à quelque nom d'auteur réputé) ou historique proprement dite.

En ce qui concerne les bâtiments construits sur terrain d'autrui, l'indemnité, en cas de reconstruction entreprise sur les lieux dans le délai d'un an à partir de la clôture de l'expertise, est versée au fur et à mesure de l'exécution des travaux. En cas de non reconstruction, s'il résulte de dispositions légales ou d'un acte ayant date certaine avant le sinistre que l'assuré devait à une époque quelconque être remboursé par le propriétaire du sol de tout ou partie des constructions, l'indemnité ne peut excéder le remboursement prévu dans la limite de la valeur assurée. A défaut, l'assuré n'a droit qu'à la valeur des matériaux de démolition.

En cas d'expropriation des bâtiments assurés et de transfert de contrat à l'autorité expropriante ou si les bâtiments étaient destinés à la démolition, l'indemnité est limitée à la valeur des matériaux évalués comme matériaux de démolition.

Dans tous les cas où les matériaux doivent être estimés, la valeur du sauvetage intact ou endommagé est évaluée de la même manière, comme matériaux de démolition.

– Le mobilier personnel est estimé d'après sa valeur de remplacement au jour du sinistre, vétusté déduite.

– Le matériel est estimé d'après sa valeur de remplacement au jour du sinistre par un matériel d'état et de rendement identiques ; cette valeur comprend les taxes et s'il y a lieu, les frais de transport et d'installation.

– Les matières premières, les denrées et marchandises sont évaluées au prix de revient calculé au dernier cours précédent le sinistre, ce prix étant majoré des taxes et s'il y a lieu, des frais de transport et de manutention.

– Les produits finis, les produits semi-ouvrés ou en cours de fabrication sont estimés à leur coût de production, c'est-à-dire au prix (évalué comme au paragraphe précédent) des matières et produits utilisés, majoré des frais de fabrication déjà exposés et d'une part proportionnelle des frais généraux nécessaires à la fabrication, à l'exclusion de ceux se rapportant à la distribution.

Le mode d'évaluation ci-dessus ne s'applique pas aux produits présentant un caractère de « rebut ».

Le règlement des dommages se fera après déduction des taxes ou partie de taxes que l'assuré a la possibilité de récupérer.

9) Valeur à Garantir - Dispositions Applicables en cas d'Insuffisance d'Assurance - Règle Proportionnelle

– Les capitaux assurés sur chaque article doivent correspondre à la valeur des risques.

Si au jour du sinistre, il résulte des estimations que cette valeur excède la somme garantie, l'assuré est considéré comme son propre assureur pour l'excédent et supporte une part proportionnelle des dommages conformément à **l'article 35** du code des assurances, sous réserve des dispositions prévues au paragraphe ''Report des excédents'' ci-après.

– La perte de loyers subie par le propriétaire et la privation de jouissance doivent être garanties à concurrence d'une somme égale au moins à une année des loyers considérés, faute de quoi l'indemnité sera réduite dans la proportion de la somme assurée par rapport au montant d'une année des loyers considérés à la date du sinistre.

– **Le report des excédents** :

La possibilité de reporter les excédents d'assurance qui pourraient être constatés au jour du sinistre, pour compenser les insuffisances, ne peut intervenir que dans les conditions cumulatives ci-dessous :

– Le report doit se faire entre les articles soumis à la règle proportionnelle de capitaux ;

– Le taux de prime appliqué aux articles excédentaires doit être égal ou supérieur à celui des articles insuffisamment garantis ;

– Le report ne doit se faire qu'entre les articles d'un même établissement, c'est- à-dire appartenant au même propriétaire, concourant à la même exploitation et réunis dans un même enclos ou groupés dans des conditions telles qu'aucun des bâtiments composant l'établissement ne soit séparé du bâtiment voisin par une distance supérieure à deux cents (200) mètres ;

– Si les trois (3) conditions ci-dessus sont remplies, le total des excédents constatés sur des articles payant un taux de prime supérieur ou égal sera réparti entre les articles insuffisamment assurés, sinistrés ou non, au prorata des insuffisances.

10) Règlement des Dommages et Paiement des Indemnités

Si dans les **trois (03) mois** à compter de la remise de l'état des pertes assorti des justificatifs pertinents, l'expertise n'est pas terminée du fait de l'assureur ou de l'expert qu'il a désigné, l'assuré a le droit de faire courir des intérêts (**art 46 du code des assurances**).

Si l'expertise n'est pas terminée dans les **six (06) mois**, chacune des parties peut procéder judiciairement (**art 46 du code des assurances**).

Le paiement des indemnités doit être effectué dans les **trente (30) jours** soit de l'accord amiable soit de la décision judiciaire exécutoire. Ce délai, en cas d'opposition, ne court que du jour de la mainlevée.

11) Avantages et Inconvénients

L'assurance contre l'incendie est une garantie essentielle, car elle permet aux entreprises de pouvoir bénéficier d'une indemnisation d'une partie de la valeur de leurs biens détruits lors d'un sinistre.

Mais elle est soumise à déclaration de valeurs de biens contenus, de bâtiments contenant lesdits biens et souvent même de la surface. Pour ce faire, il est conseillé de faire réaliser un audit de ces biens avec leur valeur réelle qui sera déclarée à l'assureur. Autrement, si au jour du sinistre un écart est constaté (du fait d'une omission faite de bonne foi par l'assuré), il y aura application d'une règle proportionnelle qui réduira l'indemnité.

II -La garantie dégâts des eaux

a) Objet de la garantie

Sont assurés les dommages aux biens garantis provoqués par l'action de l'eau due :

– à la fuite, la rupture ou le débordement :

• des conduites enterrées ou non enterrées, d'adduction, de distribution, d'évacuation et de chauffage ou encore des colonnes de vidange ;

• des chéneaux et gouttières ;

• d'appareils à effet d'eau et de récipients ;

- une infiltration au travers de la toiture des bâtiments (y compris des terrasses et des ciels vitrés) ;

- tout autre événement à condition qu'il ne soit pas imputable à une personne dont l'assuré est civilement responsable, ou contre laquelle il a renoncé à tout recours.

b) Sont exclus les dommages

– résultant d'un défaut de réparation ou d'entretien incombant à l'assuré tant avant qu'après sinistre, sauf cas de force majeure ;

– imputables à toute entrée d'eau par les portes, les fenêtres, impostes, soupiraux et lucarnes ou par les gaines d'aération, de ventilation et les conduits de fumée, sauf le cas visé ci-dessus ;

– tous autres événements subis par des marchandises placées à moins de dix centimètres de la surface d'appui quelle qu'en soit la nature, consécutifs à des glissements ou affaissements de terrain (les simples tassements n'étant pas considérés comme tels) ayant provoqué des dégâts dans un rayon de trente mètres autour des locaux assurés ;

– tous dommages provoqués par l'engorgement ou le refoulement des égouts ;

– tous dommages causés à la toiture ou aux conduites, robinets et appareils intégrés dans les installations d'eau et de chauffage.

– les fuites accidentelles de sprinkler (garantie au titre de l'incendie) ;

– le défaut d'entretien.

c) Mode d'Indemnisation

L'indemnisation s'effectue de la même manière que pour l'assurance incendie.

d) Avantages et Inconvénients

Ce sont les mêmes que pour la garantie incendie.

B- Le risque de vol partiel de l'outil de travail

La Garantie Vols (avec effraction)

a) Objet de la garantie

Les biens sont assurés pour les cas suivants :

– LE VOL ou LA TENTATIVE DE VOL commis par pénétration dans les locaux assurés avec violence, effraction extérieure, escalade, usage de fausse clef ou lorsque le voleur s'est introduit ou maintenu clandestinement dans les locaux.

Il est précisé que :

• sont couvertes les détériorations mobilières consécutives, les heures d'ouverture, les heures habituelles de fermeture au milieu du jour, les autres heures de fermeture si la vitrine est protégée par des rideaux métalliques ou des volets ;

• est assimilé à un vol par pénétration dans les locaux, le vol commis dans une vitrine fixe par bris ou écartement des glaces si la vitrine est protégée par des rideaux métalliques ou des volets ;

• les fonds et valeurs ne peuvent être garantis que s'il y a eu en outre violence ou encore effraction ou enlèvement du meuble (tiroir-caisse et coffre-fort par exemple) fermé à clef, dans les locaux où se trouvaient ces fonds et valeurs.

– **LE VOL ou LA TENTATIVE DE VOL** commis sans pénétration dans les locaux, dans une vitrine fixe de devanture non protégée par des rideaux métalliques ou des volets, par bris ou écartement des glaces commis pendant les heures de fermeture autres que celles du milieu du jour.

– **LES DÉTÉRIORATIONS IMMOBILIÈRES** consécutives à un vol ou à une tentative de vol garanti, même si elles ne portent que sur l'installation d'alarme.

Sont toutefois exclus :

Les vols commis :

– par les membres de la famille de l'assuré, ses gens de maison et les personnes habitant généralement avec lui (ou avec leur complicité) ;

– pendant les heures de travail par le gérant, les préposés de l'assuré ou toute personne chargée de la surveillance des locaux ou du transport des fonds et valeurs (ou avec leur complicité) ;

– dans des vitrines s'ouvrant de l'extérieur des locaux assurés ainsi que le vol de ces vitrines elles-mêmes ;

– à la faveur d'attentats ;

– à l'aide des clés donnant accès aux locaux, si elles sont laissées sur la porte ou dans toute autre cache extérieure aux locaux assurés, ou si l'assuré ne procède pas au changement des serrures et des verrous à la suite d'un vol ou de la perte de ses clés ;

b) Les Protections obligatoires des locaux

*Les portes de devanture constituées par un panneau verrier trempé (Sécurit,) muni d'au moins un système de fermeture de sûreté, c'est-à-dire d'une serrure ou d'un verrou comportant un mécanisme à cylindre, à pompe ou à gorges mobiles.

Exemples de clefs correspondant à ces mécanismes :

– clefs de serrure à gorges mobiles ;

– clefs de serrure à pompe ;

– clefs de serrure à cylindre.

* les portes de devanture constituées par un panneau verrier encadré ;

*deux systèmes de fermeture, dont un au moins de sûreté (cf. ci-dessus) ;

*volets ou persiennes (en bois ou en métal résistant) ;

* des soupiraux ;

* des barreaux ou ornements en fer ou en métal offrant une résistance au moins égale, espacés de douze centimètres au maximum, ou des plaques métalliques perforées scellées, ou des volets en bois plein efficacement maintenus de l'intérieur.

c) Autres Protections

Tous les autres dispositifs de protection dont l'assuré dispose, qu'ils soient mécaniques ou électriques, doivent être mentionnés aux conditions particulières.

La compagnie peut exiger, selon la nature du risque, un gardiennage de nuit et durant les jours de fermeture. Cette protection devient dès lors obligatoire et son caractère ineffectif expose l'assuré aux sanctions définies ci-dessous :

– L'indemnité à laquelle l'assuré pourra prétendre est réduite dans les proportions suivantes, en cas d'inexistence ou d'inutilisation pendant les heures et les jours de fermeture :

• des moyens de protection obligatoire minima : réduction de 30 % ;

• du gardiennage lorsque la compagnie l'exige : réduction de 50 % ;

• à la fois des moyens de protection obligatoire minima et du gardiennage lorsqu'ils sont exigés : réduction de 65 %.

Il est précisé que l'assuré devra apporter à l'assureur la preuve de l'existence du gardien.

d) La suspension de garanties

– Pendant la durée des transformations ou des modifications des locaux ou des dispositifs de sécurité (sauf accord préalable écrit de l'assureur) ;

– en cas de transfert des biens assurés dans les locaux autres que ceux décrits aux conditions particulières ;

– pendant la fermeture excédant, au cours d'une même année d'assurance, en une ou plusieurs périodes :

– **quarante-cinq (45) jours** pour les fonds et valeurs placés en coffre-fort et les autres biens ou dommages assurés.

La suspension est effective à partir du quarante-sixième jour de fermeture, quatre jours pour les fonds et valeurs hors coffre-fort et ce, à partir du premier jour de fermeture. Est considérée comme période de fermeture toute période de plus de trois jours pendant laquelle les locaux sont fermés le jour sans être occupés ou surveillés par un gardien la nuit.

e) Mode d'Indemnisation

Il s'agit de :

– l'indemnisation de la détérioration immobilière avec limitation de somme, après expertise des dommages ;

– l'indemnisation des dommages (mobiliers ou biens garantis) après justification de l'existence et de la valeur des biens volés, avec déduction éventuelle de la vétusté et d'une franchise, sans pour autant dépasser la valeur déclarée aux conditions particulières.

f) Avantages et Inconvénients

Compte tenu de la recrudescence des sinistres vols, il n'est pas prudent pour certaines catégories d'entreprises de se passer de cette garantie au risque de compromettre leur avenir. Aussi, cette garantie pouvant prévoir une clause de protection, l'entrepreneur se doit de vérifier ses déclarations et de les respecter.

D'autre part, la garantie vol peut être déchue après une durée d'inoccupation des locaux supérieure à **quarante-cinq (45) jours** consécutifs ou non (les périodes de moins de **3 à 5 jours** n'étant pas en général prises en compte).

C -Les dommages aux matériels d'exploitation

1- La garantie Dommages électrique

a) Objet de la garantie

La garantie a pour objet le remplacement ou la réparation de matériels électriques qui ont été détériorés par l'action interne du courant électrique. Elle est accordée généralement en complément à l'assurance incendie.

b) Exclusions

– Les dommages aux éléments interchangeables ;

– Les dommages subis par les fusibles et ampoules à vide ;

– La déchéance de garantie en l'absence d'installations conformes ;

– Les exclusions générales.

c) Mode d'Indemnisation

L'indemnisation est effectuée après expertise et le règlement fait avec déduction éventuelle de la vétusté et de la franchise contractuelle.

d) Avantages et Inconvénients

Cette garantie est de plus en plus demandée par les entreprises. Mais elle ne couvre que les dommages causés par l'électricité et exclut tout autre dommage.

2-La garantie Bris de Machine

a) Objet de la garantie

C'est une garantie qui s'applique à une machine en état normal de fonctionnement (qu'elle soit en activité, au repos ou pendant les périodes d'entretien). Elle comporte deux niveaux de couverture :

*Le premier comprend :

– la garantie accidents caractérisés ;

– le vol avec effraction ;

– l'incendie.

*le second comprend :

– le bris interne ;

– les pertes financières (indemnités journalières forfaitaires) ;

– la garantie perte de recettes, en versement d'une indemnité journalière forfaitaire fixée au contrat.

C'est une garantie généralement utilisée pour couvrir des machines industrielles, des engins de chantier ou des équipements et véhicules du genre poids lourd.

Les origines des dommages sont de trois ordres :

*les causes internes (le vice propre, le défaut de matière, le vice de conception, ou le vice de fabrication) ;

* les causes externes (la chute ou le heurt d'un corps étranger, l'effondrement de bâtiment, la tempête, etc.) ;

* les causes humaines (la maladresse, la négligence, la malveillance, la faute inexcusable des préposés, etc..).

L'assurance peut être souscrite soit par le propriétaire du matériel, soit par le locataire crédit-bail (c'est-à-dire par le crédit preneur dans le cadre d'un contrat de crédit-bail), soit par le constructeur.

Elle peut être complétée de garanties annexes nécessaires pour la pérennité de l'entreprise, comme les pertes d'exploitation que nous avons déjà étudiées au titre des risques financiers.

b) Exclusions

– Les dommages causés par un défaut de calage ;

– Le défaut d'entretien ;

– les défauts existants lors de la souscription du contrat ;

– Les éléments interchangeables ;

– Les exclusions générales, etc....

c) Mode d'Indemnisation

L'indemnité est versée après expertise des dommages, déduction faite de la vétusté et des franchises contractuelles.

d) Avantages et Inconvénients

La règle proportionnelle est applicable, car le matériel assuré doit être déclaré en valeur à neuf.

L'indemnisation permet le redémarrage et la reprise normale de l'activité de l'entreprise. En effet, si le chef d'entreprise est en mesure de tenir compte de l'amortissement comptable d'un nouveau matériel acheté neuf, il ne peut prévoir l'accident et budgétiser les dommages. Il n'a que l'assurance ''Bris de machines'' comme solution pour apporter la sécurité financière à la bonne marche de ses activités, sans immobilisation de trésorerie.

3- La garantie dommage aux matériels informatiques

a) Objet de la garantie

Cette garantie fonctionne de la même manière que le bris de machine, mais elle est spécialement conçue pour le matériel informatique.

On peut la compléter par une couverture des frais supplémentaires et pertes de fichiers d'informations ou de données.

b) Exclusions

– Les mêmes que pour le bris de machine ;

– Les exclusions générales.

c) Mode d'Indemnisation

Le même que pour le bris de machine.

d) Avantages et Inconvénients

Les mêmes que pour le bris de machine.

4- La garantie Tous Risques Chantiers

a) Définition

Il faut entendre par :

***Souscripteur :**

Le maître d'ouvrage ou toute autre personne qui lui serait substituée en vertu d'un mandat.

***Maître d'ouvrage :**

La personne physique ou morale désignée aux conditions particulières et pour le compte de laquelle l'ouvrage est construit, qui prend possession de l'ouvrage après son achèvement et qui est soumise à l'obligation d'assurer la responsabilité des intervenants dans le domaine de la construction.

***Assurés :**

Les personnes physiques ou morales agissant en qualité de Maître d'ouvrage ou de propriétaires successifs (voir dispositions de **l'Article L30** de la Loi sur l'assurance construction au Sénégal).

***Bénéficiaires :**

Le maître d'ouvrage ou les propriétaires successifs de l'ouvrage.

***L'ouvrage :**

Tout ce qui est édifié à demeure par l'utilisation des matériaux de construction, soit au-dessus du sol ou à son niveau, soit sous le sol, soit au-dessus de l'eau.

***Gros Œuvres :**

Ce sont les éléments porteurs concourant à la stabilité ou à la solidité du bâtiment et tous autres éléments qui leur sont intégrés ou forment corps avec eux, ainsi que les éléments qui assurent le clos, le couvert et l'étanchéité à l'exclusion des parties mobiles.

Ces éléments comprennent notamment :

– les revêtements des murs à l'exclusion de la peinture et des papiers peints ;

– les escaliers et planchers ainsi que leur revêtement en matériau dur ;

– les plafonds et les cloisons fixes ;

– les portions de canalisations, tuyauteries, conduites et gaines de toutes sortes logées à l'intérieur des murs, plafonds ou planchers, ou prises dans la masse du revêtement, à l'exclusion de celles qui sont seulement scellées ;

– les charpentes fixes des ascenseurs et monte-charges ;

– les bâtis et huisseries des portes et fenêtres.

– **Second Œuvre :**

Il s'agit des éléments du bâtiment autres que les gros œuvres, façonnés ou installés par l'entrepreneur.

Ces éléments comprennent notamment :

– les canalisations, tuyauteries, conduites, gaines et revêtements de toutes sortes autres que ceux constituant les gros œuvres ;

– les éléments mobiles nécessaires au clos et au couvert tels que portes, fenêtres, persiennes et volets.

Ne sont pas concernés les appareils mécaniques ou électriques que l'entrepreneur installe en l'état où ils lui sont livrés.

*** Équipements du bâtiment :**

Les équipements relevant des installations courantes : thermiques, électriques, phoniques, mécaniques, hydrauliques, aérauliques, téléphoniques, télévisuelles et les installations fixes de sécurité, c'est-à-dire :

– d'une part, tous les appareils ou machines entrant dans leur composition tels que pompes, surpresseurs, ventilateurs, groupes électrogènes, transformateurs, appareils sanitaires, radiateurs, chaudières, cabines et machines d'ascenseurs et de monte-charges, compteurs, vidoirs de vides - ordures, interphones, antennes, portes et clapets coupe-feu, extracteurs de fumées ;

– d'autre part, tous conduits, gaines, canalisations seulement scellés sur les parois des murs ou cloisons.

*** Ouvrages de travaux publics :**

Les ponts, ponts-rails, routes et tous ouvrages d'art et travaux publics.

*** Force majeure :**

Événement irrésistible, imprévisible et extérieur à la volonté des intervenants dans l'ouvrage endommagé.

*** Parachèvement :**

Les travaux d'achèvement et de finition de l'ouvrage tels qu'ils résultent des marchés et notamment les travaux de réparation de malfaçons conformément au cahier des charges.

*** Réception :**

Acte ou événement marquant l'acceptation de la construction par le maître d'ouvrage (ou son représentant), avec ou sans réserves, formalisé par un procès-verbal de réception visé par ce dernier (ou son représentant), les constructeurs et le bureau de contrôle technique. On entend par réception la prise de possession de l'ouvrage ou sa remise au maître d'ouvrage, ou son occupation même s'il n'y a pas eu de réception ou acte en tenant lieu.

La réception est dite provisoire lorsque le maître d'ouvrage déclare accepter l'ouvrage avec ou sans réserves. Elle est réputée définitive dans un délai maximum d'un an après celle provisoire, soit à la fin de la garantie de parfait achèvement.

*** Dommage matériel :**

Toute détérioration ou destruction affectant la stabilité ou la solidité de l'ouvrage (voir **article L13b** de la Loi relative à la responsabilité et au contrôle technique dans le domaine de la construction au Sénégal).

*** Sinistre :**

Toute réclamation afférente aux dommages matériels liés à un même fait générateur et susceptibles d'entraîner la garantie de l'assureur, conformément aux conditions générales et particulières du contrat.

Constituent un seul et même sinistre les dommages résultant d'une même cause initiale.

*** Sinistre sériel :**

Toutes les réclamations de l'assuré, lorsqu'elles proviennent d'une même cause originelle ou lorsqu'elles sont imputables à la fourniture ou à la vente de produit présentant le même défaut, seront considérées comme un seul et même sinistre. Par cause originelle il faut entendre :

– le même défaut de conception ;

– le même défaut de fabrication ;

– la même erreur ou insuffisance dans les instructions d'emploi ou d'étiquetage ;

– le même acte (ou absence d'acte).

*** Existants :**

Les parties anciennes de l'ouvrage existantes avant l'ouverture du chantier et sur ou sous ou dans lesquelles sont exécutés les travaux neufs de construction ou de réhabilitation.

*** Menace d'effondrement :**

C'est le risque imminent d'effondrement de tout ou partie du gros œuvre constaté par expertise.

*** Garantie de bon fonctionnement :**

Garantie assurant le bon fonctionnement des éléments d'équipement dissociables de la construction de l'ouvrage dans la limite d'**un (01) an** à compter de sa réception provisoire.

*** Garantie de Parfait achèvement :**

Garantie couvrant la réparation de tous les désordres signalés par le maître de l'ouvrage soit au moyen de réserves mentionnées dans le procès-verbal de réception provisoire, soit par voie de notification écrite pour ceux révélés postérieurement à la réception provisoire.

*** Accident :**

Tout événement soudain et extérieur à la victime ou au bien endommagé, constituant la cause soit d'une atteinte corporelle à la victime, soit d'une détérioration ou destruction du bien endommagé.

b) Objet du contrat

Le contrat garantit l'assuré, sous réserve des exclusions expressément énumérées plus loin, contre les risques ci-après désignés comme couverts aux conditions particulières :

– LES RISQUES DOMMAGES PENDANT LA PÉRIODE DE CONSTRUCTION :

Toutes pertes ou tous dommages subis par les biens suivants, alors qu'ils se trouvent sur le lieu du chantier, appartenant à l'assuré ou dont il a la possession, la garde, ou la détention :

– l'ouvrage objet du marché spécifié aux conditions particulières, jusqu'à sa réception provisoire ;

– l'ouvrage provisoire prévu à ce marché ou nécessaire à son exécution ;

– Les matériaux et matériels approvisionnés sur le chantier et destinés à être incorporés dans les ouvrages définitifs ou provisoires ;

– les installations provisoires de chantier ainsi que les matériels et engins de chantier désignés aux conditions particulières utilisés pour l'exécution du marché.

– LES RISQUES GARANTIS PENDANT LA PÉRIODE DE MAINTENANCE :

Tous dommages accidentels affectant tout ou partie de l'ouvrage et consécutifs à une négligence, maladresse ou fausse manœuvre imputables aux intervenants assurés durant leurs visites de maintenance.

– LES RISQUES EXCLUS :

Sont exclus de la garantie :

– POUR L'ENSEMBLE DES RISQUES COUVERTS :

– Les dommages intentionnellement causés ou provoqués par l'assuré ainsi que ceux provenant de vices ou défauts existant au moment de la souscription du contrat, connus de l'assuré et intentionnellement non déclarés à l'assureur ;

– Les dommages résultant d'un arrêt même partiel des travaux, lorsque cet arrêt n'a pas été prévu au planning ou n'a pas été porté à la connaissance de l'assureur ;

– Les dommages occasionnés par la guerre étrangère, la guerre civile, les émeutes ou les mouvements populaires ;

– Les dommages occasionnés par les grèves ou les insurrections ;

– Les dommages occasionnés par un acte de terrorisme ou de sabotage accompli dans le cadre d'actions concertées, toutes actions perpétrées par des groupes de personnes dans le but soit de soutenir le gouvernement, soit d'obtenir de lui un changement politique et/ou de l'influencer, et prenant la forme d'une révolte, d'une révolution, de conflits inter communautaires ou simplement un conflit entre partisans et adversaires du gouvernement ;

– Les dommages résultant des effets directs ou indirects d'explosion, de dégagement de chaleur, d'irradiation, provenant de transmutation de noyau d'atome ou de la radioactivité, ainsi que des effets de radiations provoquées par l'accélération artificielle de particule ;

– Les dommages causés ou subis par les biens assurés ayant motivé des réserves du maître d'ouvrage, du bureau de contrôle, lorsque le sinistre trouve son origine dans ces réserves et ce, tant que celles-ci n'auront pas été levées ;

– Tout dommage dont l'origine est antérieure à la date d'effet ou de souscription du contrat.

– AU TITRE DES RISQUES DOMMAGES :

Les pertes ou dommages qui surviendraient à l'ouvrage après prise de possession par le maître de l'ouvrage ou après réception provisoire.

– POUR LES RISQUES DOMMAGES ET PÉRIODE DE MAINTENANCE :

– Les pertes résultant de la dépréciation due à l'usure, à la corrosion, au vieillissement ou de la détérioration provenant d'une altération de substance ainsi que celles causées directement par les pannes ou dérèglements mécaniques ou électriques, les dommages accidentels dont ces phénomènes seraient la cause restant toutefois couverts ;

– les dommages résultant de réparations provisoires ou de fortune, ainsi que ceux résultant de recherches expérimentales ;

– tous les frais, quels qu'ils soient, qui seraient engagés pour rechercher ou supprimer des défauts, pour rectifier des vices de plan, pour mettre les biens faisant l'objet des garanties du contrat en conformité avec les spécifications techniques du marché et du cahier des charges, ou pour apporter à ces biens une modification ou un perfectionnement quelconque ;

– les pertes ou dommages causés directement par ces malfaçons, matériaux défectueux, édification d'ouvrages en non conformité avec les prescriptions du cahier des charges, vices de plan. Il est toutefois précisé que cette exclusion des pertes ou dommages ainsi définis ne s'applique qu'aux machines, matériels, et/ou à la partie de l'ouvrage directement touchés par l'événement ;

Restent par contre garantis, dans le cadre de la présente assurance, les pertes ou dommages atteignant d'autres machines, matériels ou parties d'ouvrage et qui seraient la conséquence des événements visés au présent paragraphe.

– Les dommages dus à l'inobservation inexcusable des règles de l'art définies par les documents techniques élaborés par les organisations professionnelles ou par les prescriptions techniques des constructeurs de matériels ou machines, lorsque cette inobservation est le fait de la direction de l'entreprise assurée ou des personnes substituées à cette direction sur le chantier ;

– Les pertes ou dommages survenant :

* aux appareils de navigation aérienne, maritime ou fluviale ;

* aux véhicules servant au transport de personnes et appartenant, loués ou confiés à l'assuré ou à son personnel ;

* à tous véhicules automoteurs ;

* aux espèces, valeurs, dessins, titres et archives de toute nature ;

– Les pertes, dommages ou manquants constatés pendant ou après inventaire, ainsi que les vols commis par les membres de la famille de l'assuré ou par ses préposés pendant leur service ;

– Le préjudice résultant de tous dommages indirects tels que le chômage, la privation de jouissance, la dépréciation, ainsi que les amendes ou pénalités de quelque nature qu'elles soient pour retard de livraison, inobservation des délais ou toute autre cause.

– CONCERNANT LA GARANTIE PERIODE DE MAINTENANCE :

– Les dommages causés par les appareils de navigation aérienne, maritime ou fluviale ainsi que par les véhicules terrestres à moteur soumis à l'obligation légale d'assurance.

– les responsabilités que l'assuré aurait acceptées par convention ou contrat et qu'il n'aurait pas encourues sans ces conventions ou contrats ;

– Les dommages immatériels qui ne seraient pas la conséquence directe d'un dommage matériel garanti.

c) Période de garantie ou durée

La garantie commence pour chaque bien ou objet assuré, après son déchargement sur le chantier et se termine à la fin des essais dont la durée, sauf convention spéciale mentionnée aux conditions particulières, est limitée à quatre semaines ou à la première des dates suivantes si elle est antérieure à la fin des essais :

– la mise en service ;

– la réception provisoire formelle ou de fait ;

– la prise de possession par le maître d'ouvrage.

Si une partie seulement des travaux en construction, usines ou machines, a été réceptionnée, mise en service ou prise en charge par le maître d'ouvrage comme il est dit ci-dessus, la garantie est maintenue pour les autres parties.

En ce qui concerne les risques afférents à la période de maintenance, la garantie prend effet immédiatement après la fin de la période de construction et ce, pour la durée fixée aux conditions particulières.

d) Montant de la garantie

La garantie est délivrée dans la limite des sommes fixées aux conditions particulières.

Cette garantie est réduite de plein droit après sinistre du montant de l'indemnité correspondante tant que le souscripteur n'a pas demandé par lettre recommandée le rétablissement de la garantie en s'engageant à payer la prime complémentaire calculée sur les bases de la prime initiale, au prorata de la durée restant à courir.

e) Calcul de la prime

La prime afférente au contrat est calculée par application aux capitaux représentatifs du prix des biens assurés, des taux ressortis et indiqués au contrat.

– EN CE QUI CONCERNE LES TRAVAUX ASSURÉS, ces capitaux devront représenter leur prix pour le maître de l'ouvrage tel qu'il ressort du marché au jour de la souscription du contrat. L'exacte déclaration de ce prix à la souscription du contrat exclut l'application ultérieure de la règle proportionnelle prévue par **l'article 35** du code des assurances. En contrepartie, s'il apparaît après achèvement des travaux que le maître de l'ouvrage est redevable au souscripteur pour quelque raison que ce soit d'une majoration du prix total initialement envisagé, le souscripteur devra le déclarer à l'assureur et supporter un ajustement proportionnel de prime.

– EN CE QUI CONCERNE LES MATÉRIELS, ENGINS, INSTALLATIONS ET ÉQUIPEMENTS DE CHANTIER, ces capitaux devront représenter la valeur maximum de remplacement de l'ensemble ; si la valeur déclarée n'est pas cette valeur de remplacement, la règle proportionnelle sera appliquée.

f) Estimation des biens assurés

L'assurance ne garantit à l'assuré que la réparation de ses pertes réelles ou de celles dont il est responsable.

La somme assurée ne pouvant être considérée comme preuve ni de l'existence, ni de la valeur des objets sinistrés au moment du sinistre, l'assuré est tenu d'en apporter la preuve par tous les moyens et documents en son pouvoir, ainsi que de l'importance du dommage.

Les bâtiments assurés y compris les caves et fondations, abstraction faite de la valeur du sol, sont estimés d'après leur valeur réelle au prix de reconstruction au jour du sinistre, vétusté déduite.

En ce qui concerne les bâtiments construits sur terrain d'autrui, l'indemnité en cas de reconstruction entreprise sur les lieux dans un délai **d'un (01) an** à partir de la clôture de l'expertise est versée au fur et à mesure de l'exécution des travaux. En cas de non reconstruction, s'il résulte d'un acte ayant date certaine avant le sinistre que l'assuré devait à une époque quelconque être remboursé par le propriétaire du sol de tout ou partie des constructions, l'indemnité ne peut excéder la somme stipulée au bail à cet effet ; à défaut de convention ou dans le silence de celle-ci, l'assuré n'a droit qu'à la valeur des matériaux évalués comme matériaux de démolition.

Les objets mobiliers et le matériel industriel assurés sont estimés d'après leur valeur de remplacement au jour du sinistre, vétusté déduite.

Les matières premières, les denrées et les marchandises assurées sont évaluées au prix d'achat par l'assuré, calculé au dernier cours précédant le sinistre ; ce prix étant majoré s'il y a lieu des frais de transport.

Les objets fabriqués ou en cours de fabrication sont estimés à leur prix de revient, c'est-à-dire au prix évalué comme ci-avant des matières premières et produits utilisés pour leur fabrication, majoré des frais de fabrication déjà engagés et d'une part proportionnelle des frais généraux.

g) Règle proportionnelle

En cas de sinistre survenu aux matériels, engins, installations, équipements de chantier et ouvrages après réception et déclaration définitive et s'il résulte des estimations que la valeur des biens dépasse la somme garantie, l'assuré est considéré comme son propre assureur pour l'excédent et supporte en conséquence une part proportionnelle des dommages, conformément à **l'article 35** du code des assurances.

B - Les risques de destruction des véhicules de l'entreprise

a) La garantie des dommages au véhicule par accident

– Garantie dommages au véhicule par accident :

Cette assurance garantit l'assuré contre les dommages subis par le véhicule assuré, avec les accessoires et pièces de rechange dont le catalogue du constructeur prévoit la livraison en même temps que le véhicule (les éléments n'entrant pas dans cette définition ne peuvent être garantis que moyennant surprime et stipulation aux conditions particulières), lorsque ces dommages résultent soit d'une collision avec un autre véhicule, soit d'un choc contre un corps fixe ou mobile, soit de versement sans collision préalable, soit d'une chute dans les ravins ou cours d'eau.

– Sont exclus :

• Les dommages subis par le véhicule et résultant directement d'un défaut d'entretien, d'usure, de défectuosité du véhicule, de vice de construction, de dénivellement ou mauvais état du sol affecté au roulage automobile, de chute d'accessoires ;

• Les dommages occasionnés au contenu du véhicule : effets personnels, marchandises, éléments du véhicule autres que ceux prévus par le catalogue du constructeur ;

• Les frais de dépannage, de remorquage, de transport, de garage. Toutefois, en cas d'accident garanti et subi par le véhicule, l'assureur remboursera à concurrence de 20 % du coût total des réparations effectivement mises à sa charge, les frais entraînés par la garde du véhicule ou son transport au plus proche atelier qualifié pour effectuer les réparations, sans pouvoir excéder les frais réels ;

• Les dommages subis par le véhicule lorsque l'assuré conducteur a été condamné pour infraction aux dispositions du Code de la route (conduite en état d'ivresse par exemple), cette disposition n'étant opposable qu'à lui seul ;

• Les dommages subis par les pneumatiques et chambres à air ;

• Les dommages occasionnés par un cataclysme, notamment : tremblements de terre, éruptions volcaniques, raz-de-marée, inondations, typhons, ouragans, tornades et cyclones ;

• Les dommages causés au véhicule par les marchandises et objets transportés ;

• Les dommages indirects tels que dépréciation, privation de jouissance ;

• Les dommages éprouvés en cours de transport du véhicule assuré par air ou par mer, autres que la perte totale, survenus au cours du transport par mer effectué entre des pays où s'exerce la garantie et sur un navire à vapeur ou à moteur d'au moins 500 tonneaux et bénéficiant de la première côte du bureau Veritas ;

• Les dommages survenus à un véhicule utilitaire transportant une charge excédant de plus de 20 % celle prévue par le constructeur.

– **Déclaration du risque :**

À la souscription du contrat, le souscripteur doit déclarer à l'assureur la valeur à neuf du véhicule assuré au jour de la souscription.

L'assuré, à chaque échéance annuelle, doit déclarer les modifications de la valeur neuve de son véhicule.

b) Garantie dommages au véhicule par incendie-explosion

Cette assurance garantit les dommages résultant exclusivement d'incendie ou d'explosion frappant le véhicule, ainsi que les accessoires et pièces de rechange dont le catalogue du constructeur prévoit la livraison en même temps que le véhicule (les éléments n'entrant pas dans cette définition ne peuvent être garantis que moyennant surprime et stipulation aux conditions particulières). Cette garantie joue lorsque les dommages d'incendie résultent notamment, soit d'une collision avec un autre véhicule, soit d'une combustion spontanée du véhicule assuré lui-même, soit de chute de la foudre, soit d'explosion.

Sont exclus :

– Les dommages causés aux appareils électriques et électroniques résultant de leur seul fonctionnement (y compris lampes, fusibles, tubes) ;

– Les dommages occasionnés par un cataclysme ;

– Les dommages indirects tels que privation de jouissance ou dépréciation ;

– Les frais de dépannage ou de garage non consécutifs à un événement couvert par la garantie. Toutefois, en cas d'accident garanti et subi par le véhicule, l'assureur remboursera à concurrence de 20 % du coût total des réparations effectivement mises à sa charge, les frais entraînés par la garde du véhicule ou son transport au plus proche atelier qualifié pour effectuer les réparations, sans pouvoir excéder les frais réels ;

– Les dommages causés par l'explosion de la dynamite ou de tout autre explosif ;

– Les dommages causés au contenu des véhicules ;

– Les dommages ne pouvant être considérés comme provenant d'un incendie (notamment accidents de fumeurs, brûlures occasionnées par un excès de chaleur, sans embrasement (**article 45 du Code des assurances**).

c) Garantie « dommages résultant du vol du véhicule »

Cette assurance garantit les dommages résultant :

• de la disparition ou de la détérioration du véhicule assuré, à la suite d'un vol ou d'une tentative de vol de celui-ci ;

• de la disparition d'accessoires et pièces de rechange dérobés séparément lorsque le vol a été perpétré avec effraction ou escalade des remises et garages ou avec violences corporelles ;

• des frais engagés légitimement par l'assuré, avec l'accord de l'assureur, pour la récupération du véhicule volé.

Sont exclus de la garantie :

– les vols commis pendant leur service par les préposés de l'assuré, ou avec leur complicité, ainsi que ceux commis par les membres de la famille de l'assuré habitant sous son toit, ou avec leur complicité ;

– Les dommages occasionnés par un cataclysme ;

– Les dommages indirects tels que privation de jouissance ou dépréciation ;

– Les frais de dépannage ou de garage consécutifs à un événement couvert par la garantie. Toutefois, en cas d'accident garanti et subi par le véhicule, l'assureur remboursera à concurrence de 20 % du coût total des réparations effectivement mises à sa charge, les frais entraînés par la garde du véhicule ou son transport au plus proche atelier qualifié pour effectuer les réparations, sans pouvoir excéder les frais réels.

– Paiement de l'indemnité :

En cas de vol, le paiement ne peut être exigé par l'assuré qu'après un délai de **trente (30) jours** à dater de la déclaration du sinistre.

Lorsque le véhicule est retrouvé à la suite du vol, les conditions d'indemnisation obéissent aux règles suivantes :

– si le véhicule est retrouvé avant le paiement de l'indemnité et avant l'expiration du délai de **trente (30) jours** mentionné ci-dessus, l'assuré s'engage à reprendre le véhicule volé, l'assureur étant seulement tenu à indemniser à concurrence des dommages et frais garantis ;

– lorsque le véhicule est retrouvé avant le paiement de l'indemnité, mais après l'expiration du délai de **trente (30) jours** à dater de la déclaration du sinistre, si l'indemnité n'a pas été versée du fait de l'assureur alors que l'assuré avait demandé le règlement de celle-ci, l'assuré a le choix entre la reprise du véhicule dans les conditions indiquées au paragraphe a) ci-dessus ou le délaissement du véhicule à l'assureur ; celui-ci étant tenu de verser à l'assuré la totalité des sommes dues au titre de la garantie « vol ».

– si le véhicule volé est récupéré après le paiement de l'indemnité, l'assuré a, dans les **trente (30) jours** suivant celui où il a eu connaissance de cette récupération, la faculté d'en reprendre possession moyennant le remboursement de l'indemnité, après déduction d'une somme correspondant aux dommages et aux frais garantis.

– Obligations de l'assuré en cas de vol du véhicule :

En cas de vol du véhicule, l'assuré doit dans les **quarante-huit (48) heures** faire la déclaration à l'assureur et aviser immédiatement les autorités locales de police.

Il doit en outre faire opposition auprès de l'organisme qui a délivré le récépissé de déclaration de mise en circulation et déposer une plainte au parquet si l'assureur le demande.

En cas de récupération du véhicule, il doit en aviser l'assureur dans les **quarante-huit (48) heures**.

Faute par l'assuré de remplir ces obligations et sauf cas fortuit ou de force majeure, l'assureur peut réclamer une indemnité proportionnée au dommage que le manquement de l'assuré peut lui causer.

d) Garantie « bris de glaces et pare-brise »

Cette assurance garantit exclusivement les dommages consécutifs ou non à un accident et causés au pare-brise, aux glaces latérales et arrière.

– **Risques exclus :**

– les dommages occasionnés par un cataclysme ;

– les dommages indirects tels que la privation de jouissance ou la dépréciation ;

– les frais de dépannage ou de garage. Toutefois, en cas d'accident garanti et subi par le véhicule, l'assureur remboursera à concurrence de 20 % du coût total des réparations effectivement mises à sa charge, les frais entraînés par la garde du véhicule ou son transport au plus proche atelier qualifié pour effectuer les réparations, sans pouvoir excéder les frais réels ;

– les dommages éprouvés en cours de transport du véhicule assuré par mer, sauf en cas de perte totale du véhicule assuré, survenus au cours du transport effectué entre des pays où s'exerce la garantie.

– **Montant de la garantie :**

La garantie s'exerce à concurrence de la valeur de remplacement des glaces brisées, y compris les fournitures nécessaires à leur remplacement et les frais de pose.

e) Dispositions communes aux assurances de dommages au véhicule

***Montant de la garantie :**

La garantie s'exerce à concurrence de la valeur vénale du véhicule au jour du sinistre, après déduction éventuelle du montant de la franchise indiquée aux conditions particulières du contrat. Toutefois, lorsque la garantie « Bris de Glaces » est souscrite, celle-ci s'exercera à concurrence de la valeur de remplacement des glaces brisées, y compris les fournitures nécessaires à leur remplacement et les frais de pose ;

***Obligations de l'assuré en cas de sinistre :**

En cas de dommages subis par le véhicule et résultant d'accident, d'incendie, d'explosion ou de tentative de vol, l'assuré doit, outre la déclaration à faire à l'assureur, faire connaître à ce dernier l'endroit où ces dommages pourront être constatés.

Il ne pourra procéder ou faire procéder à des réparations avant vérification par les soins de l'assureur.

En cas de sinistre survenu en cours de transport (par air ou par mer), l'assuré doit faire constater par tous les moyens légaux le dommage vis-à-vis du transporteur, dans les délais légaux, par une lettre recommandée ; faute par l'assuré de remplir tout ou partie de ces obligations, et sauf cas fortuit ou de force majeure, l'assureur peut réclamer une indemnité proportionnée au dommage que le manquement de l'assuré peut lui causer.

***La Règle proportionnelle :**

Si la somme assurée est inférieure à la valeur vénale au jour du sinistre ou, pour le risque « Dommages » seulement, à la valeur neuve du catalogue du constructeur ou du concessionnaire au jour de la souscription ou de la dernière date anniversaire du contrat, dans le territoire du domicile de l'assuré, ce dernier restera son propre assureur pour l'excédent et supportera sa part proportionnelle du dommage.

***La Franchise :**

Lorsqu'une franchise est prévue aux conditions particulières, l'assuré conserve à sa charge :

– tout sinistre dont le montant ne dépasse pas le montant de la franchise ;

– le montant de la franchise sur la totalité du montant du sinistre lorsque celui-ci est supérieur à la franchise.

***Les Obligations de l'Assureur en cas de sinistre :**

Sous réserve de déduction éventuelle de la franchise contractuelle, lorsque le véhicule est complètement détruit, hors d'usage ou volé, l'indemnité est fixée au montant de la valeur vénale de celui-ci au jour du sinistre, y compris les accessoires et pièces de rechange dont le catalogue du constructeur prévoit la livraison en même temps que le véhicule, mais sans pouvoir dépasser le montant de la somme assurée et après déduction éventuelle du sauvetage.

Dans les autres cas, l'indemnité est fixée au coût des réparations ou du remplacement des pièces détériorées, vétusté déduite, dans la limite de la valeur vénale du véhicule et sans pouvoir dépasser le montant de la somme assurée.

Les pneumatiques, s'ils sont garantis, sont toujours remboursés, vétusté déduite.

f) cas particulier de la garantie tierce collision

C'est une garantie qui permet à ceux qui n'ont pas les moyens de s'assurer en tierce complète et à ceux qui ont un véhicule âgé de plus de **trois (3ans),** mais bien entretenu, de pouvoir bénéficier d'une couverture complète, mais plus restreinte.

– Objet et étendue de la Garantie :

C'est une garantie qui a pour objet l'indemnisation des dommages subis par le véhicule assuré lorsqu'ils résultent d'une collision avec un autre véhicule ou un animal appartenant à une personne identifiée, ou avec un piéton identifié.

– Exclusions :

• les mêmes exclusions que celles prévues pour la garantie Tierce Complète ;

• les dommages résultant de collision contre un corps fixe ou mobile ;

• les dommages par suite de versement du véhicule assuré sans collision préalable.

– Indemnisation :

Le mode d'indemnisation est le même qu'avec la tierce complète.

g) Avantages et Inconvénients

Ces garanties sont facultatives, mais essentielles pour les véhicules professionnels.

L'assuré doit veiller d'une part, à la déclaration réelle de l'usage de son véhicule sous peine de nullité du contrat d'assurance en cas de fausse déclaration faite de mauvaise foi, d'autre part à la déclaration de la valeur réelle de son véhicule sous peine de l'application de la règle proportionnelle de capitaux en cas de fausse déclaration faite de bonne foi.

Les garanties Dommages ont pour fonction d'indemniser directement l'assuré, après déduction d'une franchise contractuelle.

Pour les dommages tout accident, les véhicules âgés de plus de **trois (03) ans** sont souvent exclus.

SECTION 5 : LES RISQUES LIES AUX PRODUITS OU SERVICES ISSUS DE L'EXPLOITATION DE L'ENTREPRISE

A- Le risque de causer un dommage après livraison d'un produit

1- La responsabilité civile produit

a) Objet de la garantie

Elle a pour objet de garantir les conséquences des dommages causés aux tiers par les produits fabriqués par l'entreprise.

Il est possible d'étendre la garantie aux frais de retrait des produits défectueux.

b) Exclusions

– le non-respect de la réglementation ;
– la vente de produits aux **USA** et au **Canada** ;
– l'exploitation de produit non connu de la compagnie ;
– les exclusions générales.

c) Mode d'Indemnisation

L'indemnité sera versée aux tiers lésés selon la nature des préjudices (corporels, moraux, matériels et immatériels) et ce, suite à une réclamation et normalement après expertise. Mais dans la pratique l'indemnisation est dans la plupart des cas décidée par le tribunal.

d) Avantages et Inconvénients

C'est une garantie rarement souscrite par les entreprises dans la mesure où elle n'est pas obligatoire.

Mais au vu de l'évolution du nombre de réclamations faites par les consommateurs, elle est devenue indispensable pour certaines entreprises.

Mais quand elle est accordée, les assureurs la limite généralement à une zone géographique et refusent de l'étendre à des opérations d'export vers les **USA/CANADA** (la raison principale est la diversité des lois et leur complexité dans ces pays).

B- Les Dommages aux biens confiés

La responsabilité civile dépositaire

a) Objet de la garantie

C'est une garantie dont l'objet est de couvrir les dommages matériels subis par un bien confié à l'entreprise par un client dans le cadre de son activité professionnelle.

b) Exclusions

– tout sinistre vol non déclaré à la police ;

– les exclusions générales.

c) Mode d'Indemnisation

L'indemnisation s'effectue sur la base du contrat de dépôt que l'entreprise assurée a signé avec son client, ou tout autre justificatif.

Ainsi, l'indemnisation peut par exemple être plafonnée selon un barème syndical comme dans le cadre des pressings et des hôtels.

Mais pour les garages automobiles, le garagiste devra remettre au client le véhicule dans l'état où il le lui a confié.

d) Avantages et Inconvénients

La garantie n'est pas obligatoire, c'est pourquoi beaucoup de petits professionnels ne sont pas couverts pour ce genre de risque malgré leurs faibles moyens de pouvoir faire face aux multiples réclamations de leurs clients.

Ce qui fait que certaines entreprises n'en prennent vraiment conscience qu'au moment où le risque se réalise.

C- L'apparition de vice caché après la livraison d'un bien immobilier

1- La responsabilité civile décennale du constructeur

a) Objet de la garantie

Dans les limites fixées aux conditions générales et particulières, et sous réserve des exclusions expressément énumérées plus loin, le contrat a pour objet de garantir, avant toute recherche de responsabilité, le paiement des dépenses relatives aux travaux de réparations des dommages dont les constructeurs sont responsables (telles sont les dispositions de **l'article L13** de la Loi relative à la responsabilité et au contrôle technique dans le domaine de la construction au Sénégal).

Il garantit exclusivement

– l'indemnisation des frais de remise en état des dommages matériels à l'ouvrage ayant pour origine le gros œuvre, compromettant la stabilité ou la solidité de l'ouvrage et engageant la responsabilité décennale des constructeurs et dans les limites des garanties fixées au contrat ;

– l'indemnisation des frais de réparation des désordres à l'ouvrage occasionnés par la menace évidente d'effondrement du gros œuvre ;

– pendant la période décennale d'assurance indiquée aux conditions particulières, la garantie accordée restera fixée par les obligations légales et contractuelles en vigueur à la souscription.

En conséquence, toute modification de ces obligations durant la période de garantie sera sans effet sur la nature et l'étendue des garanties accordées par le contrat.

b) Période de Garantie

Le contrat, souscrit avant l'ouverture du chantier, est parfait dès sa signature par le souscripteur et l'assureur qui peuvent dès lors en poursuivre l'exécution.

Il produit ses effets à la date fixée aux conditions particulières pour l'exigibilité de la prime. Toutefois, la garantie prend effet à compter de la réception provisoire de l'ouvrage et pour la durée de la responsabilité pesant sur les constructeurs (voir **article L13** de la Loi relative à la responsabilité et au contrôle technique dans le domaine de la construction au Sénégal). Elle prend fin à l'expiration d'une période de **10 ans** à compter de la date de la réception provisoire de l'ouvrage.

L'assurance garantit en outre le paiement des réparations nécessaires si après la réception provisoire et avant l'expiration du délai de garantie de parfait achèvement, lorsque, après mise en demeure restée infructueuse, l'entrepreneur n'a pas exécuté, dans le délai fixé au marché ou, à défaut, dans un délai de **quatre-vingt-dix (90) jours,** son obligation de réparer.

c) Montant des Travaux – Limite de la Garantie

– La garantie couvre le coût de l'ensemble des travaux afférents à la remise en état de l'ouvrage endommagé à la suite d'un sinistre ;

– Ladite garantie est limitée au montant du coût total déclaré de l'ouvrage et fixé aux conditions particulières. Le coût total déclaré de l'ouvrage est celui résultant du montant définitif des dépenses de l'ensemble des travaux afférents à la réalisation de l'ouvrage, toutes révisions, les honoraires, toutes taxes et s'il y a lieu, tous travaux supplémentaires compris. En aucun cas ce coût ne peut toutefois comprendre les primes ou bonifications accordées par le maître de l'ouvrage au titre d'une exécution plus rapide que celle prévue contractuellement, ni se trouver amputé des pénalités pour retard infligées à l'assuré responsable d'un dépassement des délais contractuels d'exécution.

– La garantie est automatiquement réduite du montant des indemnités successives versées en cas de sinistres partiels de telle sorte que l'ensemble des sinistres ne puisse jamais engager l'assureur au-delà du montant garanti.

La garantie peut être reconstituée à la demande du souscripteur ou par toute personne intéressée par le contrat, dans les conditions prévues aux conditions particulières.

d) Exclusions

Sont exclus des garanties du contrat les dommages résultant :

– Exclusions absolues :

*du fait intentionnel, du dol ou de la fraude du souscripteur ou de l'assuré ou, dans le cas où le souscripteur ou l'assuré est une personne morale, si le fait intentionnel, le dol ou la fraude émanent d'un membre de la direction ayant pouvoir pour engager le souscripteur ou l'assuré ;

*de cyclone, d'inondation ou de tremblement de terre ;

*d'incendie ou d'explosion ;

*de mouvement du sol provenant d'exploitations minières ;

*des effets directs ou indirects d'explosion, de dégagement de chaleur, d'irradiations provenant de transmutations de noyaux d'atomes ou de la radioactivité ainsi que des effets de la radiation provoquée par l'accélération artificielle de particules ;

*de fait de guerre étrangère ;

*des faits de guerre civile, d'acte de terrorisme ou de sabotage, de rébellion, de révolution, d'émeute, de mouvement populaire, ou résultant de confiscation, réquisition, destruction, contrainte ou détention par tout gouvernement ou autorité quelconque.

Il appartient à l'assuré d'apporter la preuve que le sinistre résulte d'un fait autre que le fait de guerre étrangère, et à l'assureur de prouver que le sinistre résulte d'un fait de guerre civile.

*dommages ne rentrant pas dans le champ d'application de l'assurance décennale et ne pouvant en aucun cas ouvrir un droit à indemnité au titre de l'assurance décennale objet du contrat ;

*les dommages subis par l'assuré dans les biens autres que la construction, objet du contrat ;

*tout dommage affectant le second œuvre et / ou les équipements tels que définis ci-dessus, ne trouvant pas son origine dans le gros œuvre ou le vice de sol ;

*les travaux de parachèvement auxquels sont tenus contractuellement les entrepreneurs, et dont l'exécution n'aurait pas été réalisée ;

*les dommages résultant exclusivement d'un défaut d'entretien, de l'usure normale ou d'un usage non approprié de l'ouvrage ;

*les modifications ultérieures à l'achèvement de l'ouvrage ainsi que les conséquences dommageables pouvant en résulter ;

*les dommages ayant leur origine dans l'objet même des réserves techniques notifiées antérieurement à la réception des travaux ou lors de celle-ci par le contrôleur technique agréé, tant que celui-ci ne les aura pas levées au moyen d'un rapport complémentaire après constat des réparations ;

*les dommages aux équipements mécaniques et électriques autres que ceux définis au paragraphe du chapitre définitions ;

*les fissurations ne compromettant pas, à dires d'expert, la stabilité et la solidité des éléments qu'elles affectent ;

Il appartient à l'assureur de prouver que le sinistre résulte de l'un de ces faits.

– Les exclusions susceptibles d'être rachetées :

N'entrent pas dans les garanties du contrat, sauf extension prévue aux conditions particulières et moyennant conventions spéciales et prime additionnelle :

*Tout dommage dû aux matériaux ou procédés nouveaux non éprouvés et non agréés par les organismes habilités ;

Sont également exclus des champs de garanties les dommages dus :

– à la force majeure ;

– à la faute d'un tiers ;

– à l'application des instructions fermes du Maître d'ouvrage malgré sa mise en garde par huissier contre les dangers qu'elles comportent.

e) Franchise

Les garanties du contrat sont accordées sans franchise.

f) Obligations du Souscripteur

***Déclaration du Risque – Règle Proportionnelle :**

Déclaration à la souscription :

Le contrat est établi d'après les déclarations du souscripteur, consignées dans le formulaire de déclaration du risque faisant partie intégrante du contrat (**Article 12 du Code des assurances**).

• Réticence ou fausse déclaration de mauvaise foi :

– Nullité :

Le contrat d'assurance est nul en cas de réticence ou de fausse déclaration intentionnelle de la part du souscripteur, quand cette réticence ou cette fausse déclaration change l'objet du risque ou en diminue l'opinion pour l'assureur, alors même que le risque omis ou dénaturé par le souscripteur a été sans influence sur le sinistre.

Les primes payées demeurent alors acquises à l'assureur à titre de dommages et intérêts. La réticence ou la fausse déclaration de la part du souscripteur dont la mauvaise foi n'est pas établie n'entraîne pas la nullité du contrat (**alinéas 1 et 2 de l'article 18 du Code des assurances**).

• **Réticence ou fausse déclaration de bonne foi :**

Si elle est constatée avant tout sinistre, l'assureur a le droit soit de maintenir le contrat moyennant une augmentation de la prime acceptée par l'assuré, soit de résilier le contrat **dix (10) jours** après notification adressée au souscripteur par lettre recommandée avec accusé de réception. L'assureur restituera la portion de la prime payée pour la période où l'assurance ne court plus (**alinéa 2 de l'article 19 du Code des assurances**).

Dans le cas où la constatation n'a lieu qu'après sinistre :

– soit l'assureur applique la règle proportionnelle de prime ;

L'indemnité est réduite en proportion du taux de prime payé par rapport au taux de prime qui aurait été dû si les risques avaient été complètement et exactement déclarés (**alinéa 3 de l'article 19 du Code des assurances**).

– Soit l'assureur applique la règle proportionnelle de capitaux, s'il résulte de l'estimation des experts que la valeur de l'ouvrage excède, au jour du sinistre, le montant fixé aux conditions particulières du contrat ; l'assuré est alors considéré comme étant son propre assureur pour l'excédent et supporte en conséquence une part proportionnelle du dommage, sauf convention contraire (**article 35 du Code des assurances**).

Toutefois, l'assureur accepte un taux de tolérance qui varie en fonction de la date de survenance de sinistre par application des taux de réajustement suivants :

Année de survenance	1ère	2ème	3ème	4ème	5ème	6ème	7ème	8ème	9ème	10ème
Taux	2,5 %	5 %	7,5 %	10 %	12,5 %	15 %	17,5 %	20 %	22,5 %	25 %

– Changement de destination :

En cas de changement de destination de l'ouvrage, l'assuré est tenu d'en informer l'assureur qui se réserve le droit de réviser ou de refuser les conditions de garanties. En cas de désaccord, les parties saisissent le Bureau central de tarification (au cas où il existe dans le pays), qui se doit de statuer dans un délai de **quinze (15) jours**.

Au cas où l'assuré n'accepterait pas les nouvelles conditions de garanties qui lui sont soumises, le contrat peut dès lors être résilié et la portion de prime pour la période non couverte devra être ristournée.

En cas de survenance de sinistre avant la décision du Bureau central de Tarification, la règle proportionnelle de prime est applicable.

g) Revalorisation

L'assuré ou toute personne ayant intérêt à la conservation de l'ouvrage a à tout moment la faculté de demander à l'assureur de revaloriser le capital assuré de sorte qu'il soit équivalent à la valeur de reconstruction à dires d'expert, par versement d'une prime calculée d'après la valeur nouvelle de l'ouvrage et en fonction de la durée de l'assurance restant à courir.

Il est toutefois entendu que les effets de la revalorisation ne peuvent s'appliquer qu'à des sinistres dont la première manifestation sera postérieure à la signature de l'avenant.

h) Modification -arrêt des travaux - aggravation du risque

Le souscripteur s'engage à déclarer à l'assureur toute modification dans les travaux rendant inexactes les déclarations faites dans le formulaire de déclaration du risque. Cette déclaration doit intervenir dans un délai de **quinze (15) jours** dès qu'il en a eu connaissance, sauf cas fortuit ou de force majeure.

Le souscripteur s'engage également à déclarer tout arrêt de travaux d'une durée supérieure à **un (1) mois** et ce, dans un délai de **quinze (15) jours** à partir du moment où il en a eu connaissance. Dans ce cas il fera effectuer, en accord avec le contrôleur technique, les travaux de protection nécessaires pour que les ouvrages commencés ne subissent aucun dommage du fait des intempéries.

Dans le cas où le fait ci-dessus entraînerait une aggravation des risques, un avenant déterminera les conditions de maintien des garanties prévues au contrat (**article 15 du Code des assurances**).

i) Contrôle technique

***Conditions de mise en jeu de la garantie :**

Les garanties du contrat sont subordonnées au contrôle des travaux par un contrôleur technique agréé.

Le contrôleur technique doit accomplir ses tâches conformément aux textes et lois en vigueur.

L'intervention du contrôleur technique doit s'échelonner tout au long des phases suivantes :

– contrôle des documents de conception ;

– contrôle des documents d'exécution ;

– contrôle sur le chantier pendant la réalisation.

Il doit notamment :

– vérifier la conformité des calculs avec les règles de conception et d'exécution des ouvrages ;

– procéder à l'examen critique :

* des documents des plans et dossiers définissant les ouvrages ;

* des dispositions prévues par les constructeurs afin de s'assurer qu'ils effectuent de manière satisfaisante les vérifications techniques qui leur incombent ;

* des ouvrages réalisés.

Outre les avis donnés tout au long de sa mission, le contrôleur technique rend compte de son intervention dans deux (2) rapports principaux :

– le rapport initial de contrôle technique relatif au contrôle des documents de conception.

Ce rapport doit être adressé au maître de l'ouvrage avant signature des marchés de travaux et à l'assureur à l'ouverture du chantier.

– le rapport final de contrôle technique relatif à la totalité de la mission.

Ce rapport doit être adressé au maître de l'ouvrage et à l'assureur avant la réception.

Le rapport final doit, en particulier, récapituler les observations formulées par le contrôleur technique et qui, à sa connaissance, n'ont pas été suivies d'effet.

***Le Souscripteur s'engage :**

– à remettre à l'assureur, au plus tard à l'ouverture du chantier, une copie de la convention de contrôle conclue entre lui et le contrôleur technique ;

– avant l'exécution des travaux, à remettre gratuitement au contrôleur technique désigné et aux représentants de l'assureur les dossiers de conception et d'exécution de l'ouvrage (plans, devis descriptif, cahier des charges et toutes pièces justificatives nécessaires) ainsi que les documents successifs élaborés en fonction de l'avancement des travaux ;

– à laisser au contrôleur technique libre accès au chantier ou à tout lieu de préfabrication ;

– à faire connaître au contrôleur technique la date de début des travaux et la date de réception.

***LA PRIME :**

• Détermination de la prime :

La prime est calculée par application du taux prévu aux conditions particulières sur le montant des travaux, toutes taxes comprises.

Le souscripteur s'engage à transmettre à l'assureur, dans les **trois (03) mois** à compter de la date de la réception de l'ouvrage, l'arrêté des comptes définitifs.

Cette déclaration dont le souscripteur devra donner les justifications à l'assureur, sur sa demande, comportera le détail des comptes définitifs par intervenant (architectes, entrepreneurs et autres personnes liées au maître de l'ouvrage par un contrat de louage d'ouvrage avec précision des noms, adresses, nature de la mission et des travaux de chaque intéressé) ainsi que le montant des matériaux et fournitures mis en œuvre, qui ne serait pas compris dans les comptes ci-dessus.

La prime provisionnelle fixée aux conditions particulières est réclamée à titre d'acompte et sous réserve d'un ajustement effectué ultérieurement d'après le montant de l'arrêté des comptes définitifs que devra produire le souscripteur.

• Paiement de la prime :

La prime unique que le souscripteur s'engage à régler à l'assureur pour toute la durée des garanties comprend :

– une prime provisionnelle payable à la souscription du contrat, sur la base d'un devis estimatif fourni par le Maître de l'ouvrage et suivant les modalités fixées par **l'article 13** du code des assurances.

– une prime complémentaire payable dans un délai de **trois (03) mois** à compter de la date de la réception. Elle est calculée sur la base de l'arrêté des comptes définitifs, ou à défaut elle est déterminée par l'assureur selon les modalités fixées aux conditions particulières.

En outre, en cas de reconstitution ou de revalorisation des garanties, la prime en résultant devra être réglée à l'assureur à la signature de l'avenant correspondant. À défaut, les dispositions de **l'article 13** du code des assurances s'appliquent.

***DÉCLARATION DE FIN DES TRAVAUX :**

• Date de réception :

Le souscripteur s'engage à déclarer la date de réception à l'assureur et à lui remettre un exemplaire de l'acte écrit de réception avec ou sans réserves et ce, aux fins d'établissement de l'avenant de prise d'effet du contrat.

• Achèvement et montant définitif des travaux :

Le souscripteur s'engage à déclarer à l'assureur, dans un délai de **trois (03) mois** à compter de la prise d'effet de la garantie, le montant définitif du marché, y compris honoraires, frais de transport et taxes.

***AUTRES OBLIGATIONS DU SOUSCRIPTEUR :**

– Permettre à l'assureur d'avoir accès à tout moment à l'ouvrage objet du contrat.

– Informer préalablement l'assureur de la date à laquelle l'ouvrage sera occupé, mis en service ou réceptionné.

– Remettre une copie du contrat à tous les assurés.

*** SINISTRES :**

• Déclaration des Sinistres - Formalités à accomplir :

Sous peine de déchéance, le bénéficiaire ou le souscripteur doit :

– donner avis, dès qu'il en a eu connaissance et au plus tard dans un délai de **cinq (05) jours ouvrés**, de tout sinistre de nature à faire jouer les garanties du contrat.

– prendre les mesures immédiates nécessaires à la sauvegarde de tout bien endommagé ou menacé. Toutefois, en mettant en œuvre les mesures conservatoires, il s'abstiendra d'apporter aux biens endommagés des changements susceptibles d'entraver la détermination de la cause ou de l'étendue des dommages.

– fournir à l'assureur tous renseignements et toute assistance lui permettant de donner suite à une éventuelle réclamation ou d'entamer une procédure à l'encontre d'un intervenant reconnu responsable, en vue de récupérer le montant de la franchise préfinancé par lui.

– transmettre à l'assureur tous actes judiciaires ou extrajudiciaires dans les **quarante-huit (48) heures** de leur signification, assister aux expertises, comparaître aux audiences lorsqu'il est convoqué, et accomplir les actes de procédure demandés par l'assureur.

– s'abstenir de toute reconnaissance des responsabilités, de toute transaction ou promesse d'indemnité.

***RÈGLEMENT DE L'INDEMNITÉ :**

– Désignation de l'Expert :

• Les dommages sont constatés, décrits et évalués par les soins d'un expert désigné par l'assureur, dans un délai ne dépassant pas **cinq (5) jours ouvrés** à compter de la date de la déclaration du sinistre.

• L'expert peut faire l'objet d'une récusation dans les **huit (8) jours** de la notification au bénéficiaire de sa désignation. En cas de récusation, l'assureur fait désigner l'expert par ordonnance sur requête auprès du président du tribunal de première instance du lieu où se situe l'ouvrage.

Dans tous les cas, le bénéficiaire peut se faire assister ou représenter.

Les observations éventuelles du bénéficiaire sont consignées dans le rapport de l'expert.

Il faut toutefois préciser que la désignation de l'expert ne constitue par un engagement de l'assureur pour la prise en charge du sinistre.

• Organisation et formalités relatives à l'expertise :

– La mission d'expertise définie ci-dessus est limitée à la recherche et au rassemblement des données strictement indispensables à la non-aggravation et à la réparation rapide des dommages garantis.

Les conclusions écrites de l'expert sont, en conséquence, consignées au moyen de deux documents distincts :

• Un rapport préliminaire qui comporte l'indication descriptive et estimative des mesures conservatoires jugées nécessaires à la non-aggravation des dommages.

• Un rapport final d'expertise, consacré à la description des caractéristiques techniques du sinistre et aux estimations concernant les différentes mesures à prendre et les différents travaux à exécuter en vue de la réparation intégrale des dommages constatés.

Tout ordre de mission doit mentionner que l'expert est tenu d'adresser le même jour, à l'assureur et au bénéficiaire, une copie de ses rapports.

***Mise en jeu de la garantie :**

– Notification de la décision de l'assureur :

Dans un délai ne dépassant pas **quinze (15) jours** à compter de la date de réception du rapport préliminaire de l'expert, l'assureur, au vu dudit rapport, notifie par lettre recommandée avec accusé de réception au bénéficiaire sa décision quant au principe de la mise en jeu des garanties du contrat.

Toute décision négative de l'assureur ayant pour effet de rejeter la demande d'indemnisation doit être expressément motivée.

Si l'assureur ne conteste pas la mise en jeu des garanties du contrat, le bénéficiaire doit immédiatement faire exécuter les mesures conservatoires nécessaires à la non-aggravation des dommages, dans la limite de l'estimation portée dans le rapport préliminaire de l'expert.

– Non-respect des délais de notification par l'assureur :

Faute pour l'assureur de respecter le délai fixé ci-dessus et après notification faite à l'assureur par lettre recommandée avec accusé de réception, les garanties du contrat jouent pour ce qui concerne le sinistre déclaré. Ainsi, le bénéficiaire est autorisé à engager les dépenses correspondant à l'exécution des mesures conservatoires nécessaires à la non-aggravation des dommages, dans la limite de l'estimation portée dans le rapport préliminaire de l'expert.

– Rapport final d'expertise - détermination de l'indemnité :

Dans un délai maximum de **soixante (60) jours** à compter de la date de réception du rapport final de l'expert, l'assureur. au vu dudit rapport, notifie par lettre recommandée avec accusé de réception au bénéficiaire ses propositions définitives quant au montant de l'indemnité déterminée par application des dispositions prévues par le contrat.

Le bénéficiaire dispose d'un délai de **trente (30) jours** à compter de la date de réception de la lettre de proposition pour notifier son accord ou son désaccord. Cette notification est faite par lettre recommandée avec accusé de réception.

– Règlement de l'indemnité :

Au cas où le bénéficiaire notifie à l'assureur son accord dans le délai de **trente (30) Jours** fixé ci-dessus, l'indemnité proposée par l'assureur est allouée dans un délai maximum de **vingt (20) jours** à compter de la date de réception de la lettre de notification faite par le bénéficiaire.

Au cas où le bénéficiaire notifie à l'assureur son désaccord dans le délai de **trente (30) jours**, l'assureur doit allouer au bénéficiaire soixante-quinze pour cent (**75 %**) du montant de l'indemnité évaluée par l'expert, en attendant que le montant définitif de l'indemnité soit fixé par le tribunal compétent.

Le montant ainsi indiqué est payé dans un délai maximum de **trente (30) jours** à compter de la date de la réception de la notification faite par le bénéficiaire.

Faute de proposer au bénéficiaire une indemnité dans le délai fixé, l'assureur est tenu d'allouer soixante-quinze pour cent (75 %) du montant de l'indemnité évaluée par l'expert, dans un délai maximum de **trente (30) jours** à compter de la date de réception de la demande du bénéficiaire faite à l'assureur par lettre recommandée avec accusé de réception.

Au cas où le bénéficiaire notifie à l'assureur son accord ou son désaccord sur l'indemnité proposée après le délai fixé, l'assureur n'est tenu de payer l'indemnité proposée ou soixante-quinze pour cent (75 %) du montant de l'indemnité évalué par l'expert que dans un délai de **trente (30) jours** à compter de la date de réception de la notification faite par le bénéficiaire.

***PRESCRIPTION :**

Les actions en responsabilité nées du contrat sont prescrites dans le délai de **cinq (05) ans** à compter du jour de la constatation du sinistre et ce, conformément aux dispositions de **l'article 28** du Code des assurances.

***COMPÉTENCE JUDICIAIRE :**

En cas de litige né à l'occasion de l'application du contrat, les parties et les bénéficiaires font attribution de compétence aux tribunaux du pays de localisation de l'ouvrage.

***AUTRES ASSURANCES :**

Si au moment du sinistre il se révèle soit un contrat antérieur portant sur les risques, soit un contrat antérieur ou postérieur ayant pour objet d'assurer, à titre principal l'un des risques garantis, la garantie du contrat ne produira effet qu'à titre de complément pour garantir l'assuré contre les conséquences d'une insuffisance ou d'une absence de garantie, mais seulement dans la limite de cette absence ou de cette insuffisance.

Cette assurance vise à garantir les propriétaires contre l'apparition de vices cachés après la réception d'un bien immobilier et ce, pendant une durée de **dix (10) ans**. Elle doit être souscrite par tous les intervenants qui contribuent à la construction du Bâtiment : les artisans, les architectes, les conducteurs de travaux et tout constructeur de bâtiment.

Contrairement aux autres contrats d'assurance, les effets du contrat ne s'arrêtent pas à la résiliation de celui-ci, car tous les chantiers réceptionnés dans la période où le contrat est en cours sont garantis pendant **dix (10) ans**.

La garantie porte sur la stabilité et la solidité du gros œuvre.

J) Avantages et inconvénients

Cette garantie est obligatoire dans certains pays où il est généralement impossible d'exercer sans avoir la couverture. C'est une très bonne protection du propriétaire, mais elle suscite beaucoup d'interrogations du fait des résultats catastrophiques de ce type de contrat.

Aussi, on note un bon nombre d'artisans peu scrupuleux qui, du fait d'une forte demande, n'hésitent pas à exercer sans aucune couverture.

L'important lors de la souscription d'un contrat d'assurance décennale est que l'entreprise déclare de manière exhaustive toutes les activités qu'elle exerce, car celles-ci sont reprises dans les dispositions particulières du contrat et si une des activités est absente, la garantie ne joue pas.

2- L'assurance Dommages à l'ouvrage

a) Objet de la garantie

La compagnie garantit l'assuré contre les conséquences pécuniaires de sa responsabilité professionnelle à l'égard de ses clients en cas de dommages matériels garantis, par suite de fautes, d'erreurs ou d'omissions commises par lui dans le cadre de ses activités définies aux conditions particulières.

(cf. les dispositions des **articles L13 et L28 de la Loi N° 2009-23 du 8 juillet 2009** portant Code de la Construction au Sénégal).

b) Risques exclus

Sont exclus, sauf stipulation contraire aux conditions particulières moyennant une prime spéciale, les accidents occasionnés :

– Par les chevaux, bestiaux conduits haut-le-pied ou attelés, les voitures hippomobiles ;

– Par les voies ferrées et le matériel roulant y circulant, situés en dehors des lieux où doivent s'exercer les activités assurées et définies aux conditions particulières ;

– Par les engins élévateurs de manutention ou de chantier (non considérés comme véhicules hors des usines, entrepôts, chantiers) ;

– Par les appareils élévateurs à usage de personnes ;

Il est précisé toutefois que les exclusions visées aux paragraphes ci-dessus ne s'appliquent que dans le cas d'accidents occasionnés par des animaux ou du matériel dont l'assuré ou les personnes dont il est civilement responsable, ont la propriété, la conduite, la garde ou l'usage.

– Aux installations souterraines par le matériel mécanique de terrassement ;

– Par les tâcherons, sous-traitants et leur personnel ;

– Par la pollution des eaux ;

– Par intoxication ou empoisonnement provenant de produits alimentaires ou autres.

IL N'Y A PAS ASSURANCE POUR :

– Les accidents atteignant l'assuré, son conjoint, ses ascendants et descendants, ses associés au cours d'activité commune et pendant leur service, ses salariés et préposés à n'importe quel titre. Lorsque l'assuré est une personne morale, cette exclusion s'applique en outre à ses représentants légaux au cours de leur activité professionnelle.

– Les accidents causés intentionnellement par l'assuré, ainsi que ceux résultant de sa participation à un pari, ou en tant que concurrent à des compétitions revêtant un caractère sportif.

– Les dommages matériels causés par :

• l'eau ou dus à l'action des eaux ou de la buée sur les objets et choses soumis à cette action ;

• l'incendie, le feu, l'explosion, la fumée, la suie, les poussières ;

– Les vols ou appréhensions frauduleuses ;

– Les dommages causés :

• par tous véhicules terrestres à moteur au cours ou à l'occasion de leur circulation ou lorsqu'ils sont utilisés à poste fixe, étant précisé toutefois que sont garantis les dommages résultant du fonctionnement de bennes basculantes, grues et autres appareils dont peuvent être munis les véhicules et survenant hors circulation desdits véhicules ;

– par tous véhicules ou appareils terrestres quels qu'ils soient, attelés à un véhicule terrestre à moteur ;

• par les bateaux avec ou sans moteur, dont l'assuré ou les personnes dont il est civilement responsable ont la propriété, la conduite, la garde ou l'usage ;

– Les accidents résultant de la pratique par l'assuré ou les personnes dont il est civilement responsable, de la navigation aérienne et sous-marine ;

– Les dommages pouvant atteindre, d'une manière quelconque, les animaux ou choses, les marchandises ou objets que l'assuré ou les personnes dont il est civilement responsable peuvent avoir en dépôt, en location, en garde, en prêt ou pour les utiliser, les travailler, les transporter, ou dans tout autre but ;

– Les accidents dus au fait d'ouvrage, travaux, objets, marchandises, denrées ou produits de quelque nature qu'ils soient, dès qu'ils sont livrés par l'assuré, soit définitivement, soit pour essai ;

– Les responsabilités contractuelles nées de conventions d'usage ou particulières ;

– Les accidents résultant :

• de glissement ou affaissement de terrain, sauf si l'événement se produit au cours de travaux de terrassement ou de fouilles exécutés par une entreprise qualifiée, dans le cadre de ses activités habituelles ;

• de tremblement de terre, inondation, raz-de-marée, ainsi que de phénomènes présentant un caractère catastrophique ;

• d'armes à feu détenues, possédées ou manipulées par l'assuré ou toute personne dont il est civilement responsable ;

• de guerre civile ou étrangère, de mouvement populaire ou d'émeute ;

– Les accidents causés en temps de guerre par les engins de guerre, ceux causés après la date légale de la cessation des hostilités, par des engins de guerre dont la détention est interdite et dont l'assuré serait sciemment possesseur ou détenteur ; ceux qui résulteraient d'une manipulation volontaire d'engins de guerre par celui-ci ;

– Les sinistres dus aux effets directs ou indirects d'explosion, de dégagement de chaleur, d'irradiation provenant de transmutation de noyaux d'atome ou de la radioactivité, ainsi que les sinistres dus aux effets de radiations provoquées par l'accélération artificielle de particules ;

c) Exclusions spécifiques

OUTRE LES EXCLUSIONS CI-DESSUS, LES GARANTIES DU CONTRAT NE COUVRENT PAS :

– Les dommages corporels ainsi que les dommages immatériels causés aux tiers ou au maître d'ouvrage ;

– La responsabilité personnelle des mandataires sociaux ;

– Les frais de toute nature ne résultant pas de dommages garantis ;

– Les amendes et pénalités de toute nature ;

– Les frais exposés pour le parachèvement, l'amélioration et la rectification ;

– Les dommages provenant d'une faute intentionnelle ou dolosive de l'assuré, la garantie restant acquise en toute autre hypothèse conformément à la Loi, en ce qui concerne les dommages causés par les personnes dont l'assuré est civilement responsable, quelles que soient la nature et la gravité de leur faute.

– Les dommages occasionnés par des faits de guerre civile ou étrangère, d'actes de terrorisme ou de sabotage, d'émeutes, de mouvements populaires, de grèves, lock-out. Il est toutefois précisé :

* qu'il appartient à l'assuré de faire la preuve que le sinistre résulte d'un fait autre que la guerre étrangère ;

* qu'il appartient à l'Assureur de prouver que le sinistre résulte d'un des faits suivants : guerre civile, acte de terrorisme ou de sabotage commis dans le cadre d'actions

concertées de terrorisme ou de sabotage, émeutes ou mouvements populaires, grèves et lock-out ;

– Les dommages ou l'aggravation des dommages causés par :

* des armes ou engins destinés à exploser par modification de structure du noyau de l'atome ;

* tout combustible nucléaire, produit ou déchet radioactif, ou toute autre source de rayonnements ionisants et qui engagent la responsabilité exclusive d'un exploitant d'installation nucléaire, ou trouvent leur origine dans la fourniture de biens ou de services concernant une installation nucléaire à l'étranger ou frappent directement une installation nucléaire ;

* toute source de rayonnements ionisants (en particulier tout radio-isotope) utilisée ou destinée à être utilisée hors d'une installation nucléaire et dont l'assuré ou toute personne dont il répond a la propriété, la garde ou l'usage ou dont il peut être tenu pour responsable du fait de sa conception, de sa fabrication ou de son conditionnement ;

– Les dommages résultant de pratiques professionnelles prohibées par la législation en vigueur ;

– Les conséquences d'engagements particuliers dans la mesure où elles excèdent celles auxquelles l'assuré est tenu en vertu des textes légaux sur la responsabilité ;

– Les vols et détournements commis par son personnel ;

– Les dommages résultant d'une défectuosité du matériel ou des installations de l'assuré, connus de lui ;

– Les dommages matériels et immatériels consécutifs subis par les biens confiés à l'assuré à quelque titre que ce soit, autres que ceux de l'ouvrage objet du marché garanti.

d) Étendue de la garantie - montant assure

– L'assurance porte principalement sur les seuls ouvrages déclarés au contrat et localisés dans le pays de résidence de l'assureur.

– Le montant des garanties par sinistre ou par événement est fixé aux conditions particulières ainsi que les franchises si elles sont prévues, qui seront déduites de tous sinistres entraînant des accidents et des dégâts matériels.

e) Déclaration du risque par l'assuré

– Le contrat est établi sur la base des déclarations de l'assuré. En conséquence, celui-ci doit, à la souscription, déclarer exactement, sous peine des sanctions prévues aux **articles 18 et 19** du code des assurances, toutes les circonstances connues de lui et pouvant permettre l'appréciation des risques par la compagnie, et notamment :

– l'emploi d'explosifs, pour les besoins de l'entreprise ;

– l'exécution totale ou partielle par l'entreprise de travaux d'art tels que :

• viaducs, aqueducs et ponts d'une portée supérieure à 30 cm ;

• digues et barrages dont les dimensions excédent 5 m en hauteur et 10 m en longueur ou en largeur ;

• canalisations lorsque le diamètre excède 1 m ou la longueur 5 km ;

• cheminées d'usines, clochers, minarets, et beffrois d'une hauteur supérieure à 30 m, et travaux subaquatiques ;

– Le raccordement de voies de chemin de fer ;

– L'installation de transporteurs aériens, câbles, canalisations électriques, l'emploi d'engins de levage et de manutention, lorsque ces installations sont à l'extérieur des usines, ateliers, entrepôts, magasins et chantiers et lorsque ces engins fonctionnent sur la voie publique ou à des endroits où le public a accès (quai de gare ou de port, magasins généraux, entrepôts publics, chantiers non clos) ;

– La renonciation à un recours contre autrui.

En cours de contrat l'assuré doit déclarer à la compagnie, par lettre recommandée, toutes les modifications du risque spécifiées aux conditions particulières ainsi que tout changement affectant l'un des éléments spécifiés ci-dessus.

Cette déclaration doit être faite préalablement à la modification si celle-ci résulte du fait de l'assuré et, dans les autres cas, dans un délai de **huit (08) jours** à partir du moment où il en a eu connaissance.

Lorsque la modification constitue une aggravation, la déclaration doit être faite sous peine des sanctions prévues ci-dessus et la compagnie a la faculté dans les conditions prévues à **l'article 15** du code des assurances, soit de résilier le contrat moyennant préavis de **dix (10) jours** par lettre recommandée, soit de proposer un nouveau taux de prime. Si l'assuré n'accepte pas ce nouveau taux, la compagnie peut résilier le contrat et, lorsque l'aggravation résulte du fait de l'assuré, réclamer une indemnité devant les tribunaux.

Toute réticence ou déclaration intentionnellement fausse, toute omission ou déclaration inexacte par le souscripteur des circonstances du risque connues de lui, entraîne l'application, suivant le cas, des sanctions prévues **aux articles 18 et 19** du Code des assurances.

f) Avantages et inconvénients

L'obligation de souscrire cette assurance dans certains pays protège les propriétaires ou bénéficiaires d'ouvrages de bâtiments, car ils sont indemnisés directement par leur propre assureur.

D- La responsabilité des mandataires sociaux et la Protection juridique

En sus des formes d'assurance définies ci-dessus, il y a deux garanties qui n'étaient pas encore bien connues de nos marchés, mais qui, du fait de leur importance, commencent à se développer. Il s'agit de :

***L'assurance responsabilité civile des mandataires sociaux :** qui garantit les dirigeants contre les recours de plus en plus fréquents pouvant provenir des actionnaires, des salariés, des fournisseurs, des clients et de l'administration en cas d'erreurs de gestion – manque de transparence dans les états financiers - litiges de contrats de travail, etc.

Il faut noter que le mandataire social est responsable des fautes commises dans l'exercice de ses fonctions et doit en conséquence les réparer sur ses biens propres.

L'assureur prendra ainsi en charge, au titre de la garantie, la protection du mandataire social.

***L'assurance Protection juridique :** c'est aussi une garantie récente qui a pour objet la prise en charge des frais juridiques (honoraires d'avocats, d'experts, etc.) en cas de contentieux. La protection juridique apporte donc à l'entreprise l'aide dont elle a besoin pour mieux défendre ses intérêts en cas de litige.

Il convient cependant de préciser que les risques assurables dont nous venons de faire l'économie sont loin d'être exhaustifs. Seules les grandes lignes des principales garanties nécessaires à la protection du patrimoine d'une entreprise y sont traitées.

À présent, nous allons nous intéresser à la vision financière de l'assurance par les entreprises.

CHAPITRE V

LA VISION FINANCIÈRE DE L'ASSURANCE PAR LES ENTREPRISES

Après avoir passé en revue l'essentiel des solutions apportées aux différents risques assurables, nous allons traiter de la vision financière qu'ont les entreprises sur l'assurance.

1) Les primes d'assurances

Il faut rappeler que la prime est la contrepartie de l'assurance ; payée par l'assuré, elle permet à l'assureur de faire face à ses engagements en cas de survenance de l'événement garanti. Elle est payable à l'avance et au comptant, ce qui fait que les comptables d'entreprise la considèrent comme une charge d'exploitation venant ainsi réduire leur résultat net.

2) les indemnisations reçues

Ici l'analyse est fonction de la nature comptable du bien indemnisé. Nous retrouvons ainsi trois (3) classes de biens : les biens amortissables, les biens non amortissables et les biens extracomptables.

a) Les biens amortissables

Il s'agit de tous les éléments constitutifs des immobilisations à l'actif du bilan (bâtiments, véhicules, machines…).

Leur indemnisation est assimilée à un produit exceptionnel et l'incidence fiscale qui découle de leur enregistrement comptable est la constatation d'une plus ou moins-value dont l'affectation est fonction de la nature juridique de l'entreprise bénéficiaire, qui peut être une entreprise individuelle ou une personne morale.

***S'agissant des entreprises individuelles :**

Il faut distinguer les plus-values à long terme des plus-values à court terme.

– La fiscalisation des plus-values à long terme peut être étalée sur plusieurs exercices, sans pouvoir dépasser le nombre d'années d'amortissement effectué sur le bien indemnisé ;

– Par contre, les plus-values à court terme doivent être fiscalisées immédiatement.

*** S'agissant des personnes morales :**

Les plus-values doivent être fiscalisées immédiatement au taux légal (25 % au Sénégal), sans possibilité d'étalement. Toutefois, le code des impôts du Sénégal prévoit que si une entreprise s'engage à réinvestir en immobilisations dans des entreprises installées au Sénégal, dont elle a la propriété, avant l'expiration d'un délai de **trois (03) ans** à partir de la clôture de l'exercice concerné, les plus-values ne sont pas comprises dans le bénéfice imposable de l'exercice au cours duquel elles ont été réalisées.

Nous constatons donc ici une disposition du code fiscal qui peut pénaliser les entreprises ayant subi un sinistre total ou quasi total.

b) Pour les biens non amortissables

Sont concernés les autres biens comme les stocks, les matériels non amortissables, les embellissements…

Il faut faire la différence entre l'indemnité reçue par l'entreprise et celle reçue par une personne autre que l'entreprise :

– Dans le 1er cas, elle est considérée comme un produit d'exploitation dont la contrepartie ou la destination consiste en l'achat de biens ou de services de remplacement, et sera par conséquent exonérée d'impôt ;

– Dans le 2e cas, c'est l'assureur qui paye directement à une tierce personne (un prestataire) une facture de réparation pour la remise en état d'un bien endommagé de l'entreprise assurée. Dans cette situation, l'entreprise passe la facture en charge et enregistre en contrepartie un transfert de charge du même montant. Ce genre d'opération n'aura pas d'incidence fiscale sur l'entreprise.

c) L'indemnisation des éléments extracomptables

Il s'agit de l'indemnisation de biens comme les pertes d'exploitation, certaines immobilisations (qui sont hors exploitation), les pertes de recettes, les pertes de valeur vénale de fonds de commerce.

Ces éléments sont des produits hors exploitation, qui n'ont pas de contrepartie comptable dans l'activité normale de l'entreprise. Ainsi, ils viennent en augmentation du résultat (hors exploitation) s'ils ne sont pas utilisés pour financer les frais généraux de l'entreprise durant la période d'inactivité. En conséquence, ce genre d'opération aura forcément une incidence fiscale sur l'entreprise.

Autrement dit, une entreprise assurée en pertes d'exploitation peut avoir à payer des impôts alors qu'elle est en arrêt d'activité pendant **un (01) an**.

Nous conviendrons donc que l'assurance « pertes d'exploitation » est une garantie indispensable pour la survie d'une entreprise après un sinistre important ; en conséquence, l'assurance peut être considérée ici comme un investissement.

d) Les Cotisations des Contrats de Prévoyance

Sont concernés les contrats de prévoyance et de retraite souscrits par l'entreprise au bénéfice de ses salariés.

Les cotisations sont considérées comme des charges si les conditions suivantes sont respectées :

– Le contrat doit être souscrit au bénéfice de tout l'effectif ;

– La prévision d'une enveloppe fiscale qui limite le montant maximum de cotisations déductibles par salarié.

C'est d'ailleurs dans cet esprit qu'au Sénégal, la taxe d'assurance a été exonérée pour les polices Indemnités de Fin de Carrière (**I.F.C**), et revue en baisse à 3 % pour les assurances sur la vie et assimilées, ainsi que les assurances collectives.

Toutes ces mesures incitatives vont dans le sens de favoriser le développement de ces branches.

3- L'assurance : choix d'investissement stratégique

Ce choix stratégique en matière d'assurance est fonction de la nature et de la taille de l'entreprise. Dans notre étude, nous avons ciblé trois (3) types d'entreprise : les Petites Entreprises, les Moyennes Entreprises et les Grandes Entreprises.

a) Les Petites Entreprises

L'assurance est souvent mal perçue par ce genre d'entreprise. La raison ne relève pas d'un manque de considération ou de confiance, mais plutôt d'un souci d'économie. Beaucoup de chefs de ce genre d'entreprise ont conscience de son importance, mais vu leur capacité financière très limitée, ils ont tendance à ne s'intéresser qu'aux assurances obligatoires, laissant ainsi sans couverture l'outil de travail. C'est ce qu'on appelle de l'auto assurance.

b) Les Moyennes Entreprises

Cette catégorie d'entreprise semble plus sensibilisée à l'importance de l'assurance. En général, le chef d'entreprise fait recours aux conseils d'un courtier d'assurance qui procède à un audit des besoins pour permettre la mise en place des garanties nécessaires à la couverture de son activité. Là aussi, l'analyse des risques et le choix des garanties sont souvent sous-tendus par l'adéquation besoins en assurances, primes et capacité financière.

c) Les Grandes Entreprises

On retrouve dans cette catégorie des entreprises de taille importante, qui ont des ressources financières énormes. De ce fait, elles ont souvent tendance soit à choisir un Risk manager, soit à confier la gestion de leur portefeuille assurances à un conseiller en assurances ou courtier. Cela fait qu'elles sont généralement aptes ou assez outillées pour analyser avec exactitude les risques liés à leur activité et à leur environnement. Ce qui leur donne aussi la possibilité, après analyse, de faire des options de garanties ou même de pratiquer de l'auto-assurance pour certains risques qu'elles maîtrisent très bien de par leur expérience professionnelle.

Toutefois, il faut préciser que la décision de souscrire certaines garanties revient exclusivement aux autorités dirigeantes de l'entreprise. C'est le cas par exemple de l'assurance « Pertes d'exploitation » (après incendie ou Bris de machines), car avant d'accorder sa garantie l'assureur aura besoin d'un certain nombre de renseignements confidentiels qui relèvent des états financiers de la société.

La souscription d'une telle assurance équivaut à un choix d'investissement stratégique, dans la mesure où la réalisation de l'événement assuré peut amener l'assureur à payer une forte indemnité, pour permettre à l'entreprise de se réinstaller et de reprendre pleinement ses activités.

Nous venons donc de procéder à l'étude de la vision des entreprises sur l'assurance, à l'analyse des risques encourus, aux solutions offertes par les assureurs et enfin à la perception, sur le plan financier, que les entreprises ont de l'assurance.

Nous pouvons ainsi retenir que les chefs d'entreprise ont toujours eu une double vision de l'assurance :

– d'une part, par la masse de primes à payer aux assureurs, elle constitue une charge pour l'entreprise ;

– d'autre part, lors de la réalisation du risque garanti, l'indemnité payée par l'assureur peut être considérée comme un réinvestissement.

La dernière partie de notre étude portera sur des propositions d'actions pratiques de communication et de marketing, à dérouler pour une meilleure promotion des risques d'entreprise dans les pays de l'espace Cima.

CHAPITRE VI

QUELLE STRATÉGIE DE COMMUNICATION ET DE MARKETING POUR ENCOURAGER LA SOUSCRIPTION DES RISQUES D'ENTREPRISE DANS NOS MARCHÉS ?

En l'absence de statistiques fiables et disponibles sur les risques d'entreprise dans nos pays, nous ne sommes pas en mesure de faire un diagnostic permettant de déterminer les parts de marché par branche et par catégorie d'entreprise. Ce qui nous aurait permis d'avoir des idées nettes et claires sur les insuffisances et contraintes constatées et de proposer des actions concrètes pour encourager tous les acteurs concernés à la couverture de ces risques.

Néanmoins, nous nous contenterons des réalités et pratiques de marchés (semblables dans l'espace Cima) pour poursuivre notre réflexion. En effet, l'expérience dans nos marchés a démontré que seules les assurances obligatoires sont généralement souscrites. Certes, entre autres raisons qui justifient cette situation il y a celles conjoncturelles, mais en grande partie cela est dû d'une part à un manque d'informations du public, d'autre part aux assureurs eux-mêmes qui doivent innover, créer et mettre à la disposition de la clientèle des produits adaptés à la fois à leurs besoins et à leurs moyens. Bien entendu, toutes ces actions doivent être accompagnées par les pouvoirs publics.

C'est donc pour ces raisons que nous avons pensé, dans le cadre de la mise en place d'une stratégie de développement de la couverture de ces risques, à suggérer quelques recommandations, autant pour les chefs d'entreprise que pour les assureurs et les pouvoirs publics.

• **CONCERNANT LES CHEFS D'ENTREPRISE :**

Il convient de préciser que l'analyse de la qualité des garanties d'assurance suppose nécessairement la maîtrise des engagements auxquels sont tenus les assureurs ; il faut toujours veiller à ce que les garanties souscrites ou à souscrire soient en adéquation avec l'évaluation des risques faite par l'entreprise. Pour ce faire, les chefs d'entreprise doivent être en mesure d'analyser de manière prospective les risques que peut générer leur activité ou exploitation. À défaut, ils peuvent se faire assister par un conseiller en matière d'assurance (courtier ou agent général) qui aura pour mandat l'audit des besoins ou l'élaboration de cahiers des charges d'assurance, l'étude des offres reçues des compagnies d'assurance en prenant le soin de vérifier le rapport primes et garanties, l'orientation du client sur le choix des contrats et des compagnies, l'étude des contrats d'assurance en rapport avec les termes de références du cahier des charges et in fine la gestion des sinistres.

En effet, l'assurance étant un domaine très technique, complexe et spécifique, il demeure évident que sans aucune dynamique ou approche d'information ou de sensibilisation du public de la part de ses acteurs, les consommateurs, en l'occurrence les entreprises, auront toujours une attitude de méfiance. Ce qui explique l'opinion négative que ces dernières ont des assureurs.

En tout état de cause, toute entreprise qui se veut viable ou pérenne doit se préoccuper de la sauvegarde de son patrimoine (que ce soit les bâtiments, le mobilier, le matériel d'exploitation, le stock de produits ou de marchandises, les pertes immatérielles, la protection du personnel, etc.) et se prémunir contre les risques susceptibles de compromettre son existence. Pour ce faire, il n'y a pas de solutions ou de réponses autres que la souscription de contrats d'assurance. C'est pourquoi, pour éviter des erreurs dans le choix des garanties, le chef d'entreprise doit bien analyser son environnement socio-économique et se faire assister en cas de besoin par des conseillers financiers, juridiques ou autres experts chevronnés. C'est d'ailleurs l'intérêt d'avoir un Risk manager dont le métier est d'identifier et quantifier les risques en vue de déterminer ceux qu'on peut contrôler ou maîtriser par la prévention et la protection, pour enfin décider d'en transférer certains aux assureurs.

Autrement, le risque de souscrire des contrats inadaptés serait quasi certain et le cas échéant, le sentiment d'avoir payé des primes inutilement deviendrait évident pour l'assuré. Devant une telle situation, l'entrepreneur ne pourrait que considérer l'assurance comme une charge ou une contrainte.

En revanche, si toutes les conditions techniques préalables de souscription sont respectées, l'entrepreneur ne pourrait qu'avoir une opinion positive de l'assurance et finirait par inscrire de manière apparente le poste assurances au tableau des obligations et priorités. De ce point de vue, on pourrait admettre que l'assurance représente un investissement pour toute entreprise.

Pour terminer, les chefs d'entreprise doivent prendre conscience qu'aucune souscription d'assurance bien réfléchie ne saurait constituer une charge pour une entreprise. Autrement dit, il n'existe pas un autre service ou une autre prestation qui soit en mesure de permettre à une exploitation entièrement embrasée par le feu, de reconstruire, se réinstaller et reprendre pleinement ses activités sans s'endetter par emprunts bancaires ; la seule et unique solution à ce problème, c'est l'assurance.

Cependant, des efforts restent encore à faire par les assureurs pour gagner la confiance des prospects, mais aussi garantir le maintien de leur équilibre technique et financier.

• **CONCERNANT LES ASSUREURS :**

Il faut rappeler que parmi les critères sur lesquels repose l'assurance, on retrouve la confiance et la transparence. C'est pour cette raison que **l'article 6** du code des assurances (**Cima**) exige à l'assureur de fournir une fiche d'information sur le prix, les garanties et les exclusions avant la conclusion du contrat. Par ailleurs, d'autres actions importantes sont attendues des assureurs. On peut citer sans être exhaustif :

– La mise à disposition par les Fédérations ou comités des sociétés d'assurances de nos pays et même par la **FANAF** (Fédération des sociétés d'assurance de droit national Africaines) de bases de données fiables sur les statistiques (sinistralité par branche, par catégorie et par risque ; fréquence de survenance des sinistres ; échanges de données entre assureurs sur les mauvais et/ou véreux clients, etc.).

– L'encouragement des cadres et des membres des commissions techniques de nos marchés à la recherche, à la créativité et à l'esprit d'initiative et de responsabilité.

– La réorganisation des appels d'offres d'assurance et l'incitation de nos marchés au respect des tarifs, de l'éthique et de la déontologie. Pour y arriver, on pourrait par exemple instituer un Prix annuel dans chaque marché pour la meilleure compagnie en matière de respect des règles de l'éthique et de la bonne gouvernance.

– Une meilleure sensibilisation des populations par des campagnes de proximité et de communication plus fréquentes (organisation de séminaires de formation et de sensibilisation élargis au public, aux intermédiaires et aux autres partenaires, etc.).

– La création de produits adaptés aux besoins des clients. Par exemple, proposer en plus des garanties classiques des couvertures pour :

* les risques liés à la propriété intellectuelle comme les marques-noms-procédés de fabrication, etc., dont l'entreprise détient la propriété.

* les risques inhérents aux retraits de produits du marché et qui sont les conséquences de défauts, d'erreurs d'étiquetage, de conditionnement ou d'emballage. Il est évident que de tels événements auront des conséquences négatives sur l'image de l'entreprise qui devra alors tout faire pour regagner la confiance de ses clients et éviter ainsi la faillite.

– Une meilleure vulgarisation des produits d'assurance par une bonne organisation du circuit de distribution (formation et sensibilisation des intermédiaires professionnels, vente en ligne…).

– Le développement de la bancassurance dans nos pays en mettant en place une bonne politique de souscription et des actions incitatives d'octroi de crédits auprès des banques et organismes de micro crédits.

– Le Respect des engagements des assureurs par un règlement rapide des sinistres qui représentent le service après-vente de l'assurance, et pour ce faire nous comptons sur les autorités de tutelle et de contrôle pour la mise en application effective des nouvelles dispositions de **l'article 13** du code des assurances.

– L'adoption d'une démarche souvent assistancielle pour être plus proche de la clientèle, notamment en assistant les assurables lors de la souscription, en conseillant les assurés et les victimes d'accidents, etc.

Mais pour gagner tous ces paris et rendre l'assurance attractive, l'appui des pouvoirs publics est nécessaire.

• LE RÔLE DES POUVOIRS PUBLICS :

Le rôle des pouvoirs publics est déterminant. L'appui que nous attendons d'eux peut se résumer en des actions concrètes et incitatives dont quelques-unes peuvent être définies comme suit :

1– L'amélioration de la réglementation en rendant obligatoires certaines formes d'assurance, dans l'intérêt commun des assurés, victimes et bénéficiaires de contrats :

– les Risques de construction (déjà en vigueur au Sénégal) ;

– les Risques d'incendie explosion pour toutes les entreprises ;

– les responsabilités liées à l'exploitation d'une entreprise ;

– les responsabilités contractuelles liées à une profession ;

– les responsabilités contractuelles du Propriétaire de bâtiment et du locataire ;

– la responsabilité professionnelle des hôpitaux, cliniques, officines de pharmacie et laboratoires d'analyse et de radiographie, etc.. ;

– la responsabilité professionnelle de certaines professions libérales (avocats, huissiers de justice, commissaires priseurs, notaires…).

2- L'adoption de mesures incitatives sur la fiscalité pour encourager la souscription de certaines assurances comme l'incendie (dont la taxe est de 20 % au Sénégal), les assurances collectives (santé, prévoyance…).

3- Le contrôle permanent des documents contractuels destinés au public (conditions générales, conventions spéciales, clauses, respect des tarifs en vigueur…).

4- L'incitation au respect scrupuleux des exigences du code des assurances en ce qui concerne le règlement des primes d'assurances (**article 13** dudit code) ainsi que les délais de règlements des sinistres par les compagnies d'assurance.

5- L'assainissement du secteur des intermédiaires d'assurances en exigeant un minimum de formation et de compétence pour les représentants personnes physiques.

6- Le renforcement des aliments en assurances facultés maritimes, en veillant au respect de l'obligation d'assurance des marchandises à l'importation par un contrôle plus rigoureux de nos administrations douanières.

La sensibilisation des chargeurs opérant dans nos marchés est aussi souhaitable pour les amener à souscrire des garanties plus complètes (en lieu et place des **Francs d'Avaries Particulières Sauf ou FAP Sauf**). Ce qui donnerait un triple avantage :

– l'augmentation du chiffre d'affaires du marché ;

– l'augmentation de l'assiette fiscale ;

– la diligence dans la gestion des sinistres, car l'assurance étant locale, le client se trouverait donc déchargé des frais de fax, téléphones et éventuellement de contentieux lourds et de déplacements multiples au cas où ledit sinistre serait d'un montant important.

Nous voici au terme de cette modeste contribution que nous avons voulu soumettre au public et aux professionnels de l'assurance, en espérant qu'elle aidera à la compréhension de l'importance de l'assurance dans la gestion des risques d'entreprise qui, même s'ils sont souvent méconnus de beaucoup de chefs d'entreprise, deviennent de plus en plus une réalité dans les marchés de l'espace Cima.

Toutefois, une attention particulière est recommandée aux assureurs dans la souscription de ces risques, car du fait de la mondialisation et de l'évolution rapide de la technologie, les assurés sont régulièrement confrontés à des risques nouveaux ou risques émergents, et les assureurs n'ont pas forcément de solution pour les garantir. Cette situation appelle donc de la part de tous les acteurs beaucoup de réflexions et d'échanges de points de vue, aussi bien sur le plan technique que juridique, mais aussi beaucoup de prudence chez les assureurs.

Par ailleurs, l'accompagnement et le conseil sont plus que nécessaires pour les entreprises, car l'analyse de la plupart des causes de leur disparition montre que des alertes ont été souvent données à temps, mais les dirigeants, par manque de formation ou de conviction, n'ont pas pu prendre les devants.

ANNEXES

TABLEAUX SYNOPTIQUES DES PRINCIPALES GARANTIES EN RISQUES D'ENTREPRISE

1/ Au titre des risques juridiques

Nature Risques identifiés	Les Garanties Offertes par l'assurance	Objet de l'assurance	Les exclusions	Le mode d'indemnisation	Les avantages et inconvénients
➢ Le risque de causer un dommage consécutif à un sinistre incendie ou Dégâts des Eaux.	**Les risques locatifs**	Elle a pour objet d'indemniser le propriétaire suite à la survenance d'un sinistre qui engage la responsabilité du locataire d'un bien immobilier.	– dans le cas où le sinistre incombe au propriétaire (défaut entretien…) -Les exclusions générales	L'indemnisation est faite après expertise des dommages. Elle est versée après déduction de la vétuste qui sera remboursée si dans un délai de 2 ans le propriétaire justifie par des factures attestant la réalisation de travaux de réparation.	Cette garantie est non obligatoire. Elle est limitée au montant déclaré par l'assuré. Elle permet à l'assuré locataire de décharger sa présomption de responsabilité sur son assureur.
	Le recours des voisins et des tiers	La garantie couvre les dommages causés par un sinistre à toute personne autre que l'assuré et le	– si l'assuré n'est pas responsable du sinistre. – les exclusions	L'indemnisation est effectuée après évaluation des dommages par un expert. Elle peut aussi être payée par suite	Elle permet à l'assuré propriétaire ou locataire de faire supporter sa présomption de responsabilité à l'assureur. Elle n'est pas obligatoire. Elle est fixée forfaitairement au contrat et l'assuré doit veiller à ce que la

		propriétaire du bien immobilier.	générales.	d'un recours exercé par l'assureur du tiers lésé.	garantie soit suffisante.
➢ Le risque occasionné par un dommage survenu lors de l'exploitation de l'activité de l'entreprise	**responsabilité civile du chef d'entreprise**	Elle a pour objet de couvrir les dommages qu'une entreprise peut causer à des tiers lors de l'exploitation de ses activités. Ces dommages peuvent être matériels, corporels ou immatériels.	- Ne couvre que les activités déclarées au contrat d'assurance - ne couvre pas les dommages causés lors de l'utilisation de véhicule terrestre à moteur ; - les exclusions générales.	L'indemnité n'est due que si une réclamation est faite à l'assureur par un tiers lésé. Il faut aussi la reconnaissance de la garantie par l'assureur.	Elle permet aux entreprises de limiter leurs engagements vis-à-vis des tiers. La garantie couvre les : Dommages consécutifs (corporels/matériels/immatériels) et les dommages non consécutifs (corporels)/matériels/immatériels), avec des limites de garantie et des franchises différentes en fonction des cas.
➢ Le risque de causer un dommage par accident lors de la	**responsabilité civile pendant la circulation.**	Elle a pour objet de réparer les dommages causés à des tiers lors de la conduite d'un	- ne couvre pas les dommages qui ne sont pas causés	L'indemnisation des dommages (matériels et/ou corporels) est basée sur la responsabilité de	Cette garantie, faisant partie des garanties obligatoires, ne comporte pas de limitations. À noter toutefois que le code des assurances a défini un barème pour

conduite d'un véhicule terrestre à moteur		véhicule terrestre à moteur.	lors de l'utilisation de véhicule terrestre à moteur. - les exclusions générales	l'assuré (conducteur du véhicule). Cette responsabilité est définie après étude du constat d'accident et des déclarations des parties. En cas de sinistre corporel, l'assureur du véhicule devra indemniser quel que soit le nombre de victimes.	l'indemnisation des victimes corporelles.
➢ Le risque d'accident de travail subi par un salarié de l'entreprise.	**La garantie de la faute inexcusable**	Elle a pour objet de couvrir le chef d'entreprise des conséquences financières d'un accident de travail	-Les exclusions du contrat de base RC ; -Les exclusions générales	La garantie reste valable même si les conditions de sécurité sont suffisantes dans l'entreprise. Dans ce cas, la responsabilité de l'entreprise sera toujours retenue et son assureur devra indemniser l'employé (la victime) du préjudice subi.	C'est une garantie nécessaire pour une entreprise. Elle n'est pas obligatoire et est toujours plafonnée dans le contrat. Elle vient en extension à la garantie RC Chef d'entreprise.

2/ Pour les risques concernant le patrimoine humain

Nature des Risques identifiés	Les Garanties offertes par l'assurance	L'objet de la garantie	Les exclusions	Le mode d'indemnisation	Les avantages et inconvénients
➢ Le risque d'incapacité de travail	**La garantie indemnité journalière**	L'objet est de verser une indemnité à la victime assurée, par suite d'une incapacité totale de travail causée soit par une maladie soit par un accident. Elle compense la perte de revenus causée par un accident. ou une maladie.	-La pratique de sports classés dangereux par les assureurs. -Les exclusions générales	L'indemnisation est forfaitaire. Elle est exprimée par jour d'incapacité sous déduction d'une franchise exprimée aussi en jours. L'indemnisation est généralement limitée dans le temps (1an maximum).	C'est une assurance importante pour les entreprises. Elle permet de compenser la perte de revenus suite à une incapacité totale causée par accident.
	La garantie invalidité.	Couvre les risques d'invalidité liée à un accident garanti. Elle intervient après consolidation, c'est-à-dire le moment où l'état de santé de la victime assurée ne peut plus s'améliorer.	-Les mêmes exclusions que ci-dessus. -Les exclusions générales.	L'indemnité est exigible à partir d'un taux d'invalidité minimum fixé par expertise médicale. Le calcul s'effectue par application du taux au capital prévu au contrat.	C'est aussi une garantie importante, car l'invalidité peut empêcher la victime de retrouver un emploi.

➢ Le risque de décès d'une personne importante pour l'entreprise	**La Garantie temporaire décès homme clé.**	Ce contrat a pour objet de garantir à l'entreprise un capital après le décès de la personne assurée.	-L'assuré - Les sports à risque - Le suicide - Les exclusions générales	Le capital-décès prévu au contrat est perçu par l'entreprise.	Ce contrat souscrit en général par l'entreprise rembourse un capital en compensation du décès d'une personne occupant un poste clé dans l'entreprise. Cette personne est généralement le chef d'entreprise, mais elle peut être aussi une autre personne importante pour l'entreprise..

3/ Au titre des risques financiers

Nature des Risques identifiés	Les Garanties offertes par l'assurance	L'objet de la garantie	Les exclusions	Le mode d'indemnisation	Les avantages et inconvénients
➢Le risque pour une entreprise de ne plus pouvoir poursuivre ses activités après un sinistre grave.	**La garantie Perte d'Exploitation après un sinistre garanti.**	Cette garantie a pour but de rembourser la perte de marge brute à la suite d'un sinistre majeur (un incendie ou un dommage électrique, un bris de machine).	-Toute réclamation non consécutive à un sinistre matériel garanti;. -Les exclusions générales.	Après un sinistre garanti, un expert est désigné pour évaluer la perte de marge brute enregistrée par l'entreprise.	Cette garantie est très souvent négligée par beaucoup de Chefs d'entreprise. Elle couvre aussi l'indemnisation des charges fixes malgré l'arrêt d'activité de l'entreprise, dû à un sinistre couvert. Elle a une durée d'intervention limitée dans le temps (en général 12 mois ou 18 mois) appelée Période d'indemnisation. Elle est soumise à déclaration de Chiffre d'Affaires.

➢ Le risque de ne pouvoir reprendre son activité après un sinistre total garanti.	**La garantie Perte de valeur vénale de fonds de commerce.**	Cette garantie offre l'indemnisation de la perte de valeur vénale d'un fonds de commerce suite à un sinistre garanti. (Exemple : l'Incendie).	- Toute réclamation non consécutive à un sinistre matériel garanti - Les exclusions générales.	Le calcul de l'indemnité s'effectue sur la base des trois derniers bilans et ne peut excéder le capital fixé au contrat. Elle n'est due qu'en cas d'impossibilité pour l'entreprise de se réinstaller.	Ce contrat est indispensable pour une entreprise. Il permet l'indemnisation du fonds de commerce à l'assuré qui se trouve dans l'obligation de se réinstaller ailleurs après un sinistre total couvert. La garantie de l'assureur est limitée au montant indiqué aux conditions particulières du contrat,
Le risque de compromettre la trésorerie de l'entreprise pour défaut de recouvrement de ses créances	**L'assurance crédit-caution**	Ce contrat a un double objet : -il garantit d'une part le remboursement des crédits des clients qui ne s'acquittent pas de leur dette à date échue ; - d'autre part il constitue une garantie caution de l'assuré auprès de ses fournisseurs.	-les mêmes exclusions que pour les contrats dommages - les risques politiques.	-Pour la garantie crédit : l'assureur se substitue au client de son assuré pour rembourser sa créance ; -Pour la caution : l'assureur n'intervient qu'en cas de défaillance de son assuré et paye la créance due à son fournisseur.	- Plus de crainte de recouvrement pour l'assuré face à un client en faillite ; - l'assurance caution évite à l'assuré en difficulté d'avoir à payer au risque de mettre son existence en péril.

4/ Au titre des risques matériels

Nature des Risques identifiés	Les Garanties offertes par l'assurance	L'objet de la garantie	Les exclusions	Le mode d'indemnisation	Les avantages et inconvénients
➢ Le risque de destruction du mobilier et du matériel d'exploitation par un sinistre majeur	**La garantie Incendie**	Cette garantie couvre plusieurs événements : - l'action directe du feu ; -les dégâts causés par l'explosion, la fumée, la foudre, la tempête, etc.	- les sinistres causés par un défaut d'entretien ; -les véhicules terrestres à moteur ; -les exclusions générales	Les biens et matériels sont indemnisés après expertise et justification de leur existence et valeur, après déduction éventuelle de la vétusté et de la franchise. -L'immobilier est indemnisé après expertise après déduction éventuelle de la vétusté et de la franchise. La vétusté est remboursée par la suite sous présentation de factures justificatives si la garantie est en valeur à neuf.	Cette garantie est importante, car elle permet aux entreprises de pouvoir se réinstaller et redémarrer leurs activités après un sinistre majeur. Mais l'assuré doit veiller à déclarer la valeur exacte de tous les biens contenus dans les locaux ainsi que la valeur réelle des bâtiments. Ce qui lui évitera l'application de la règle proportionnelle dont la conséquence est la réduction de l'indemnité, si au jour du sinistre l'expert constate une insuffisance des valeurs déclarées lors de la souscription du contrat.

	La garantie dégâts des eaux	Cette garantie couvre les dégâts suivants : - la fuite d'eau accidentelle ; - les infiltrations accidentelles d'eau au travers des terrasses et façades, etc.	-les fuites non accidentelles d'eau ; -le défaut d'entretien ; - les exclusions générales.	Même processus d'indemnisation que ci-dessus.	Même processus d'indemnisation que ci-dessus.
➢ Le risque de vol du mobilier ou du matériel d'exploitation	**La Garantie Vols (avec effraction)**	Cette assurance a pour objet de garantir les conséquences pécuniaires par suite de disparition par vol avec effraction constatée, dans les locaux assurés.	- Le Vol de biens non contenus dans les locaux assurés ; -Le Vol sans effraction - Le vol par un membre de la famille de l'assuré ; -Les exclusions générales.	-Indemnisation des pertes après justification de l'existence et de la valeur des biens volés ou endommagés par suite du vol, après déduction éventuelle de la vétusté et de la franchise, sans pour autant dépasser la valeur déclarée au contrat.	-L'assuré doit veiller à la déclaration exacte de la valeur des biens. -La garantie peut être étendue à la détérioration immobilière par suite de vol avec limitation de somme dans le contrat. -L'assureur exclut une période d'inoccupation des locaux assurés supérieure à 45 jours en général.

➢ Les risques de destruction accidentelle du matériel d'exploitation	**La garantie Dommages Électriques**	Cette garantie a pour objet le remplacement ou la réparation de dommages subis par les matériels électriques et qui ont pour origine l'action interne du courant électrique.	-Les dommages aux éléments interchangeables -Les dommages subis par les fusibles et les lampes à vide -Les installations électriques non conformes -Les exclusions générales	L'indemnisation est effectuée après expertise et le règlement est fait après déduction de la vétusté et de la franchise contractuelle.	La garantie ne couvre que les dommages causés par l'électricité et ayant une origine interne à l'appareil électrique endommagé.
	La garantie Bris de Machine	L'assureur couvre : - les accidents caractérisés ; -le vol, - l'incendie. - le bris interne, -les pertes financières (indemnités journalières)…	-Les dommages causés par un défaut d'entretien -Les éléments interchangeables -Les exclusions générales, etc.	L'indemnisation s'effectue après expertise des dommages et est payée déduction faite de la vétusté et de la franchise contractuelle.	Cette Garantie concerne généralement les machines industrielles, les engins de chantier, grues et équipements mécaniques… Elle est rarement souscrite dans nos marchés à cause de la cherté de la prime. La règle proportionnelle est applicable, car le matériel assuré doit être déclaré en valeur à neuf. L'indemnisation permet la reprise normale de l'activité de l'entreprise.

	L'assurance dommages aux matériels informatiques.	Cette garantie vise exclusivement les matériels informatiques. Elle fonctionne dans les mêmes conditions que l'assurance bris de machine. Elle peut être étendue aux frais supplémentaires d'exploitation et aux frais de reconstitution des pertes de fichiers d'informations ou de données.	-les mêmes que pour le bris de machine -Les exclusions générales	les mêmes que pour le bris de machine.	les mêmes que pour le bris de machine.
	La garantie tous risques chantier	Garantit tous dommages consécutifs à la construction d'ouvrage (bâtiments.), montage et essais d'usine..	-Défauts existant à la souscription, vices de plans, réserves non levées, non observation des règles de l'art, dommages dus à	L'Indemnité est payée après expertise, déduction faite des franchises contractuelles.	Tous les intervenants sont considérés comme assurés (architectes, maître d'ouvrage, maître d'œuvre, bureau d'études..). L'indemnisation s'effectue sans recherche de responsabilité. L'assureur a toutefois la

			l'arrêt des travaux, usure…		possibilité de faire un recours contre un éventuel responsable après le règlement.
➢ Les risques de dommages aux véhicules de l'entreprise	**La garantie des dommages aux véhicules**	La garantie couvre les dommages aux véhicules terrestres à moteur : - incendie - vol - bris de glaces - dommages collision -Dommage tout accident.	-les exclusions générales -Pour les dommages collision, les sinistres pour lesquels le véhicule adverse, le piéton ou le propriétaire de l'animal ne sont pas identifiés. -Pour les dommages tout accident les véhicules de plus de 3 ans. -Les voitures de course ou de rallye.	Les indemnités sont payées après expertise des dommages au véhicule, déduction faite le cas échéant de la franchise contractuelle.	Ces garanties ne sont pas obligatoires. L'assuré doit déclarer à la souscription l'usage réel fait de son véhicule ainsi que la valeur exacte à assurer, sous peine de l'application de la règle proportionnelle en cas de fausse déclaration.

5/ Au titre des risques lies aux produits ou services issus de l'exploitation

Nature Des Risques identifiés	Les Garanties offertes par l'assurance	L'objet de la garantie	Les exclusions	Le mode d'indemnisation	Les avantages et inconvénients
➢ Le risque de dommage causé par un produit livré	**La responsabilité civile produit livré.**	- L'assurance a pour objet de garantir les conséquences de dommages causés au tiers du fait des produits livrés par l'entreprise.	-Le non-respect de la réglementation en vigueur ; -La vente de produits aux USA et au Canada ; l''exploitation de produit non connu de la compagnie ; -Les frais de retraits des produits défectueux. -Les exclusions générales.	L'indemnité est payée au tiers lésé. après réclamation et expertise.	Cette garantie est limitée généralement à une zone géographique.. Elle n'est pas obligatoire, mais nécessite beaucoup d'attention et de précautions de l'assureur lors de la souscription.

➢ Le risque de causer un dommage à un bien confié	**La responsabilité civile dépositaire**	La garantie a pour objet de couvrir un dommage causé par une entreprise sur un bien qui lui a été confié par un client dans le cadre de son activité.	- Défaut de déclaration à la police pour tout vol du bien ; -Les exclusions générales.	L'indemnisation dépend souvent du contrat de dépôt qui lie l'assuré à son client, ou de tout autre justificatif. En tout état de cause l'assureur est tenu d'indemniser le bien confié dans l'état où il a été confié.	La garantie n'est pas obligatoire. Mais elle est importante, surtout pour les PME ou PMI qui pratiquent l'activité de dépositaire (hôtels, pressings…).
➢ Le risque d'apparition de dommages après livraison d'un bien immobilier	**La responsabilité civile décennale du constructeur**	L'assurance vise à garantir les propriétaires contre l'apparition de dommages après la réception d'un bien immobilier et ce, pendant une durée de 10 ans. Elle doit être souscrite par tous les intervenants qui contribuent à la construction du bâtiment : les promoteurs, les artisans, les architectes,	-Chantier non réceptionné -Les réserves indiquées dans le rapport de fin de travaux -les exclusions générales	L'indemnisation est souvent tardive du fait des lenteurs dans la recherche des responsabilités et la durée de l'expertise. Raison pour laquelle beaucoup de dossiers sont réglés par décision judiciaire.	La garantie est obligatoire dans certains pays. Mais beaucoup de constructeurs sont encore réticents à la souscription de ce contrat. Avant la souscription, l'entreprise doit remplir un questionnaire et déclarer en détail toutes les activités qu'elle exerce. Ce document est partie

		les conducteurs de travaux, etc. La garantie ne cesse pas à la résiliation ou à l'expiration du contrat. Tous les travaux réalisés pendant la durée du contrat sont garantis pendant dix (10) ans. La garantie porte sur la stabilité et la solidité du gros œuvre			intégrante au contrat et si une activité n'y figure pas, la garantie ne jouera pas pour les sinistres qui en résultent.
	L'assurance Dommage à l'ouvrage	L'assureur garantit l'indemnisation directe au proprié-taire ou au bénéfi-ciaire d'ouvrage en cas de dommages compromettant la solidité ou la stabilité du gros œuvre, pour une période de 10 ans à compter de la réception de l'ouvrage.	Idem RC Décennale.	L'assureur paye directement à l'assuré sans recherche de responsabilité. Après quoi il exerce un recours contre l'assureur RC Décennale du constructeur fautif.	. L'obligation d'assurance pour cette garantie dans certains pays protège les propriétaires ou bénéficiaires d'ouvrages de bâtiments, car ils sont indemnisés directement par leur propre assureur.

Le risque pour les dirigeants d'être poursuivis pour fautes dans l'exercice de leurs fonctions.	**L'assurance responsabilité civile des mandataires sociaux :**	-Garantit les diri-geants contre les recours des action-naires, salariés, fournisseurs, clients et l'admi-nistration en cas de fautes ou d'erreurs de gestion…	Les fautes, erreurs de gestion ou litiges commis en dehors de l'exercice des fonctions.	-L'assureur prend en charge les frais de défense du mandataire social, ainsi que les réclamations des tiers dont il doit répondre.	Évite au mandataire social d'avoir à payer sur ses propres biens en cas de fautes ou d'erreurs de gestion.
	***L'assurance Protection juridique :**	-L'assureur garantit la défense de l'assuré en cas de contentieux.	Idem ci-dessus.	- Prise en charge des honoraires d'avocats, experts.	Évite à l'assuré de supporter à ses frais les honoraires d'avocats, d'experts…, en cas de contentieux.

Bibliographie

Couilbault, François, Constant Eliashberg, Michel Latrasse. *Les grands principes de l'assurance*. Paris : L'argus de l'Assurance, 1997.

Fanaf. *Le code des assurances des États membres de la CIMA*, Paris : L'Argus de l'Assurance, 1999.

Grynbaum, Luc (dir.). *Assurances : acteurs, contrat, risques des consommateurs, risques des entreprises*. Paris : L'Argus de l'Assurance, 2011.

Lambert-Faivre, Yvonne. *Risques et assurances des entreprises*. Paris : Dalloz, 1991.

L'HARMATTAN ITALIA
Via Degli Artisti 15; 10124 Torino

L'HARMATTAN HONGRIE
Könyvesbolt ; Kossuth L. u. 14-16
1053 Budapest

L'HARMATTAN KINSHASA
185, avenue Nyangwe
Commune de Lingwala
Kinshasa, R.D. Congo
(00243) 998697603 ou (00243) 999229662

L'HARMATTAN CONGO
67, av. E. P. Lumumba
Bât. – Congo Pharmacie (Bib. Nat.)
BP2874 Brazzaville
harmattan.congo@yahoo.fr

L'HARMATTAN GUINÉE
Almamya Rue KA 028, en face du restaurant Le Cèdre
OKB agency BP 3470 Conakry
(00224) 60 20 85 08
harmattanguinee@yahoo.fr

L'HARMATTAN CAMEROUN
BP 11486
Face à la SNI, immeuble Don Bosco
Yaoundé
(00237) 99 76 61 66
harmattancam@yahoo.fr

L'HARMATTAN CÔTE D'IVOIRE
Résidence Karl / cité des arts
Abidjan-Cocody 03 BP 1588 Abidjan 03
(00225) 05 77 87 31
etien_nda@yahoo.fr

L'HARMATTAN MAURITANIE
Espace El Kettab du livre francophone
N° 472 avenue du Palais des Congrès
BP 316 Nouakchott
(00222) 63 25 980

L'HARMATTAN SÉNÉGAL
10 VDN en face Mermoz, après le pont de Fann
BP 45034 Dakar Fann
33 825 98 58 / 33 860 9858
senharmattan@gmail.com / senlibraire@gmail.com
www.harmattansenegal.com

L'HARMATTAN BÉNIN
ISOR-BENIN
01 BP 359 COTONOU-RP
Quartier Gbèdjromèdé,
Rue Agbélenco, Lot 1247 I
Tél : 00 229 21 32 53 79
christian_dablaka123@yahoo.fr

Achevé d'imprimer par Corlet Numérique - 14110 Condé-sur-Noireau
N° d'Imprimeur : 119421 - Dépôt légal : juin 2015 - *Imprimé en France*

www.ingramcontent.com/pod-product-compliance
Lightning Source LLC
LaVergne TN
LVHW021215061026
849535LV00008B/2740